石油企业与地方关系中的
法律问题及应对之道

刘兴勇
刘社明 ◎ 著

黄河出版传媒集团
阳光出版社

关于作者 >>>

　　刘社明，男，汉族，陕西宝鸡人，1966 年 4 月出生。1986 年毕业于华东石油学院钻井工程专业，钻井高级工程师，曾攻克苏里格气田多项开发技术难题。现任中国石油长庆油田苏里格南作业分公司经理，长庆油田公司苏里格气田开发指挥部临时党委书记、常务副指挥，西安理工大学在职 EMBA 研究生，期间对现代企业管理及企业法律事务涉猎广泛，颇有建树。

关于作者 >>>

　　刘兴勇，男，汉族，宁夏中卫人，1964年3月出生。1985年毕业于宁夏大学中国语言文学专业，律师、高级经济师、企业法律顾问。现为中国石油集团东方地球物理公司长庆物探处、中国石油天然气股份公司长庆油田苏里格南作业分公司法律顾问，曾出版《石油企业常用法律事务与案例分析》，《石油企业发展研究及重要法律事务分析》。

自序

石油企业作为没有围墙的企业，其勘探开发生产经营区域十分广阔，大的油气田动辄十几万、几十万平方公里，小的油气田也有几万或数千平方公里。在如此广阔的范围内进行油气勘探开发作业，必然要经常与不同地区的各个政府部门，以及数量庞大的地方企业或自然人发生各种行政的、民事的、经济的法律关系。

同时，石油企业勘探开发生产是一个复杂的系统工程，不仅在土地征用、临时使用土地许可、环境影响评估、安全生产许可等方面，需要地方政府大力支持和配合，更需要地方各类企业或自然人提供工程技术、物资供应、劳务派遣等方面的服务，这也意味着，石油企业不能独善其身，游离于企业所在地的社会关系之外。

还有一个重要的原因是石油企业大多为中央企业，其人事权、财权和物权均不隶属于地方，其勘探开发生产活动与地方经济利益相悖时，必然会受到地方政府、企业或自然人不同程度的制约和影响。

因此，如何正确处理石油企业与地方政府部门、企业及公民个人之间的行政或民事经济法律关系，事关石油企业和谐稳定与可持续发展大局。

近些年来，随着发展方式的逐步转变，绿色发展、和谐发展已成为地方政府的共识，执法力度逐年加大，石油企业办理施工许可手续办理举步维艰。部分地方政府收费项目逐年增多，收费标准逐年提高，导致石油企业勘探开发补偿费用逐年攀升；更有一些人采取断路设卡、扣押物资、破坏施工现场等手段，严重影响勘探开发施工进度。凡此种种已成为制约石油企业生产经营业绩的主要瓶颈之一。

面对日趋复杂的外部环境，石油企业除了积极履行国有企业的社会责任，主动参与和支持地方社会经济发展以外，更重要的是加大技术创新力度，强化内部管理，努力提高生产经营活动管控能力，这其中一个很重要的方面，就是要大力增强依法生产经营意识，全面提升员工队伍的业务素质，妥善处理与地方政府、企业或个人之间的法律关系。唯此，石油企业才能营造出和谐的外部环境。

　　本书作者在石油企业基层从事法律事务或管理工作数十载，或耳闻目睹，或亲自参与了诸多石油企业与地方政府、企业或个人之法律事务，感触良多，略有积累，深感有必要将其中之认识或体会，不揣冒昧，惴惴出版，或对石油企业基层单位及员工在处理地方关系中的法律问题有所裨益也。

2012 年 10 月 20 日于西安

CONTENTS 目录

石 油 企 业 与 地 方 关 系 中 的 法 律 问 题 及 应 对 之 道

第一章

石油企业与地方关系的内涵及特征

近年来，石油企业与地方关系中的法律问题日渐凸显，有的已经成为制约企业生存发展的关键因素，如何更好的把握其中的主要矛盾，并从中寻找出带有规律性的行之有效的应对举措，是保证项目顺利运作，实现企业可持续发展的根本途径。

第一节 石油企业与地方关系的本质

石油企业与地方关系的内涵是指在油田以及为之服务的工程技术服务企业，在落实和完成油田勘探开发部署过程中，因办理施工许可手续或因勘探开发行为造成地方企业或个人人身、财产损失，而与地方政府、企业或个人发生的各种法律关系的总和。

第二节 石油企业与地方关系的基本特征

一、执法主体的多样性特征

我国《土地管理法》《环境保护法》《森林法》《草原法》《水土保持法》《水法》《水污染防治法》《安全生产管理法》《治安管理处罚法》《民爆物品安全管理条例》等法律法规，均明确规定了相应的执法部门，依据上述法律法规规定，地方政府的森林、草原、水土保持、水务、环境保护、安全生产、公安等部门均有权对石油企业勘探开发作业行为进行执法监督、检查。如《中华人民共和国土地管理法》第五十七条规定："建设项目施工和地质勘查需要临时使用国有土地或者农民集体所有的土地的，由县级以上人民政府土地行政主管部门批准。土地使用者应当根据土地权属，与有关土地行政主管部门或者农村集体经济组织、村民委员会签订临时使用土地合同，并按照合同的约定支付临时使用土地补偿费。"根据该条法律规定，石油企业在进行勘探、开发作业前，必须向施工所在地人民政府国土资源管理部门提出申请并获得批准，否则为非法。因此，石油企业工农关系的基本特征之一即是行政执法主体的多样性。

二、法律责任的严厉性特征

根据我国法律、法规的规定，法律责任分三个层次，即民事法律责任、行政法律责任和刑事法律责任。就石油企业勘探开发生产过程中所涉及的法律责任来讲，三者皆均有可能出现。

1. 民事法律责任数量多、比例大

如果石油企业勘探开发造成地方企业的个人人身、财产损害，则依照《中华人民共和国民法通则》《中华人民共和国侵权责任法》及《最高人民法院关于审理人身损害赔偿案件适用法律若干问题司法解释》的规定，将依法承担民事侵权赔偿责任。

2. 行政法律责任严格规范

行政法律责任是指行政主体和行政人因违反行政法规范而依法必须承担的法律责任，它主要是行政违法引起的法律后果。如进行石油企业在勘探开发时，未经批准，擅自进入施工区域施工，将可能因"非法占用土地"而受到相应的行政处罚。

3. 刑事法律责任处罚严厉

刑事法律责任是指行为人因故意或过失实施了法律所禁止的行为而必须承担的严重后果，一般包括限制人身自由、剥夺政治权利或罚金等形式，是所有法律责任中最严厉的一种，因此，也是石油企业在勘探开发过程中不可逾越的最后底线。

三、权利义务不对等性特征

我国现行法律法规中，仅有《矿产资源法实施条例》规定了探矿权人和采矿权人享有的权利，如按照勘查许可证规定的区域、期限、工作对象进行勘查；在勘查作业区及相邻区域架设供电、供水、通讯管线，但是不得影响或者损害原有的供电、供水设施和通讯管线；在勘查作业区及相邻区域通行；根据工程需要临时使用土地；优先取得勘查作业区内新发现矿种的探矿权；优先取得勘查作业区内矿产资源的采矿权；自行销售勘查中按照批准的工程设计施工回收的矿产品，但是国务院规定由指定单位统一收购的矿产品除外。该条例还规定，探矿权人行使前款所列权利时，有关法律、法规规定应当经过批准或者履行其他手续的，应当遵守有关法律、法规的规定。此外，其他与石油企业勘探开发作业密切相关的法律法规，如《土地管理法》《环境保护法》《森林法》《草原法》《水土保持法》《水法》《水污染防治法》《安全生产管理法》《治安管理处罚法》《民爆物品安全管理条例》等，皆更多地规定了企业

必须承担的责任和义务。

四、利益关系占主导特征

纵观石油企业与地方关系的现状，尽管行政执法主体众多，法律关系错综复杂，法律责任重大而严格，但主要的表现为经济利益责任。首先，占工农关系矛盾绝大多数的民事侵权赔偿案件，主要是通过经济赔偿来体现的。其次，行政处罚的所有案件也主要是通过经济处罚责任方式来承担的。第三，即使是刑事案件，也可以通过充分足额的民事经济赔偿来获得当事人谅解，而争取减轻或从轻处罚。如交通肇事案件、人身伤害案件均可如此。

五、当事人的广泛性特征

由于石油企业勘探开发行为具有点多、线长、面广的特点，因而，石油企业生产经营过程中涉及的当事人，相对而言十分错综复杂。以石油天然气地震勘探为例，一条地震测线横跨两三个省，四五个县，十几个乡镇，几十个村庄是常有的事。因此，石油企业工农关系的当事人具有相当的广泛性和不确定性。任何幻想，通过做好某一个点或某一个人的工作而带来工农工作突破的想法均是幼稚的，对此，我们必须要有足够和清醒的认识。

第二章

石油企业涉及的刑事法律责任问题

石油企业的生产过程是一个庞大而复杂的系统工程，从前期的勘探开发到油气田产能建设等，均须依法办理土地、林地、草原占用及环境保护方案评估等手续，同时，在施工中还需大量使用工程技术队伍，若未依法办理有关审批手续，或在施工中管理不慎，则有可能触犯国家有关法律规定而必须承担相应的刑事法律责任。

第一节 刑法中的犯罪概念

我国刑法第十三条规定："一切危害国家主权、领土完整和安全，分裂国家、颠覆人民民主专政的政权和推翻社会主义制度，破坏社会秩序和经济秩序，侵犯国有财产或者劳动群众集体所有的财产，侵犯公民私人所有的财产，侵犯公民的人身权利、民主权利和其他权利，以及其他危害社会的行为，依照法律应当受刑罚处罚的，都是犯罪，但是情节显著轻微危害不大的，不认为是犯罪。"这一定义不仅较为详细地揭示了我国现阶段犯罪的本质特征，而且揭示了犯罪的法律特征，同时将犯罪行为与普通违法行为区别开来，是对我国社会上形形色色犯罪所作的科学概括，是我们认定犯罪、划分罪与非罪界限的基本依据。这是较为完备、科学的定义。

第二节 犯罪的基本特征

根据刑法对犯罪概念的定义，我国刑法中的犯罪具有以下三个基本特征。

一、严重的社会危害性

严重的社会危害性是犯罪最本质最基本的特征。所谓社会危害性，是指行为对法律所保护的社会关系所造成的这样或那样损害的特性。社会危害性是一切违法行为包括犯罪行为的共有的特征。社会危害性的有无是区分违法行为与合法行为的重要标准，但据此无法将犯罪行为与一般违法行为区分开。犯罪行为是违法行为中最重要的部分，其社会危害性程度要重于一般违法行为，因而严重的社会危害性是犯罪的基本特征之一。从我国刑法的规定来看，将严重的社会危害性作为犯罪的本质特征，也是有充足的根据的。我国刑法第十三条规定："……以及其他危害社会的行为，依照法律应当受刑罚处罚的，都是犯罪，但是情节显著轻微危害不大的，不认为是犯罪。"这里明确指出危害不大的行为，不是犯罪，这就意味着只有危害严重的行为，才能认为是犯罪。从我国刑法分则条文的规定看，许多条文都明确规定要以"数额较大""造成严重后果""造成重大损失""情节严重"等为犯罪构成的要件。这也表明，对于刑法分则规定的具体犯罪而言，只有行为具有严重的社会危害性，才可能构成犯罪。

犯罪的社会危害性通常被认为是犯罪行为已经实际发生，是对国家和人民利益形成的实际损害。但这种实际损害只是社会危害性的一种情形，在法律有明文规定的情况下，某种行为对社会可能造成的实际损害，也被看做是犯罪的社会危害性的表现。我国刑法中犯罪的社会危害性的基本内容，可以概括为以下几个方面：

（一）对于社会主义的国体、政体和国家安全的危害；

（二）对于社会公共安全的危害；

（三）对于社会主义市场经济秩序的危害；

（四）对于公民人身权利、民主权利的危害；

（五）对于社会主义制度下各种财产权利的危害；

（六）对于社会秩序的危害；

（七）对于国防利益、军事利益的危害；

（八）对于国家机关行政、司法秩序及公务活动的廉洁性的危害。

危害上述其中的任何一个方面，都是对我国社会主义社会关系的侵犯。社会危害性的轻重大小主要决定于以下几方面：

一是行为侵犯的客体，即行为侵犯了什么样的社会关系。刑法所保护的社会关系的重要程度有差异，便会导致侵犯社会关系的行为在社会危害程度上有所不同。侵犯的社会关系与国家和人民的利益之间的关系越重大，行为的社会危害性也就越严重。比如危害国家安全罪侵犯的是以人民民主专政的政权和社会主义制度为核心的国家安全，因此危害国家安全的犯罪是社会危害性最大的一类犯罪。放火、投放危险物质、爆炸等危害公共安全的犯罪以不特定的多数人的生命、健康和重大公私财产的安全为侵犯客体，其危害性比以特定对象为目标的侵犯人身权利、财产权利的犯罪大。

二是行为的手段、后果以及时间、地点。犯罪的手段是否残忍，使用还是不使用暴力，对行为的社会危害性程度有很大影响。比如，杀人后碎

尸就比一般的故意杀人行为更为恶劣。同样是干涉婚姻自由，是一般干涉还是暴力干涉，直接关系到行为是否构成犯罪。危害结果的大小也是决定社会危害性程度的重要因素。比如，贪污 1 万元与贪污 10 万元相比，在社会危害性程度上是有明显差异的。在战时犯罪还是和平时犯罪，其社会危害性也不一样。节日期间或者社会治安形势严峻时期实施的危害行为，其社会危害性就重。在公共场所作案的，其社会危害性较在偏僻地方作案的要大。

三是行为造成的危害结果。如行为是否造成了现实的危害结果、造成的危害结果的种类和程度等，这些因素与行为的社会危害性及其程度直接相关。

四是行为人的情况及其主观因素，如是成年人还是未成年人，是出于故意还是出于过失，是偶犯还是累犯，有无预谋，动机、目的的卑劣程度等等。这些情况对社会危害性程度也有一定的制约作用。

考察社会危害性应当注意以下几个方面：

一是要用历史的观点看问题。社会危害性是一个历史范畴，现实社会条件的变化可能导致社会危害性的有无与大小也会随之变化。同一种行为，在某一时期符合社会发展的要求，就允许做。但如果在另一时期，有害于社会发展，就不允许做。

二是要有全面的观点。社会危害性是由多种因素决定的，衡量社会危害性的大小不能只看一种因素，应全面综合各种主客观情况。不仅要看到有形的、物质性的危害，而且要看到对人们的社会心理所带来的危害。

三是要透过现象看本质。比如某人把另一人杀了，就要问是什么性质的杀人，有无社会危害性，危害性有多大，等等。人命案件中，有的是故意杀人，有的是过失致人死亡，也有的是正当防卫杀人，这都需要通过仔细调查才能判明。

二、刑事违法性

犯罪是触犯刑事法律的行为，即具有刑事违法性。刑事违法性是指违反刑法条文中所包含的刑法规范。只有当危害社会的行为触犯刑法的时候才构成犯罪。刑事违法性这一特征是罪刑法定原则在犯罪概念上的体现。行为的严重社会危害性是刑事违法性的基础，统治阶级不可能以法律的形式把没有社会危害性的行为宣布为犯罪，也不可能将危害性并不严重的行为规定为犯罪，而刑事违法性则是严重的社会危害性在法律上的体现。只有当行为不仅具有社会危害性质，而且违反了刑法时，才能被认定为犯罪。反之，某种行为虽然具有严重的社会危害性，但如果该行为没有触犯刑法，就不能把它作为犯罪处理。在罪刑法定原则支配下，刑事违法性是犯罪的基本法律特征。

在我国刑法中，刑事违法性不仅是指违反刑法的规定，而且也包括违反国家立法机关颁布的单行刑法的规定和附属刑法的规定。同时，不仅是指违反刑法分则性的规定，而且也包括违反刑法总则性的规定。例如违反刑法总则关于犯罪预备、共同犯罪等的规定。

刑事违法性既是犯罪的基本法律特征，也是划分犯罪行为与一般违法行为的基本界限。认定一个行为是否构成犯罪，如果只讲社会危害性而不看刑事违法性，就会导致罪刑擅断主义。不过，如果只讲刑事违法性而不讲社会危害性，也会掩盖犯罪的社会政治本质，陷入法律形式主义之中。只有当一个行为既具有严重的社会危害性，同时也违反刑法规范，符合刑法规定的犯罪构成，具有刑事违法性，才能被认定为犯罪。

刑事违法性与违法之间既有联系，又有区别。违法有各种各样的情况，既包括刑事违法，也包括治安行政违法、民事违法、经济违法。违法并不都是犯罪，只有行为的社会危害性达到违反刑法规范的程度时，这种行为才被认为构成犯罪；刑事违法与一般违法的区别，实际上是罪与非罪之间的区别。比如，盗窃、诈骗少量财物，属于违反治安管理处罚条例的行为；只有盗窃、诈骗公私财物数额较大的，才构成刑法中的盗窃罪、诈骗罪。一般的干涉婚姻自由的，属于违反婚姻法的行为，而暴力干涉婚姻自由，则属于刑法所禁止的犯罪行为。当然，一般违法行为与犯罪行为之间并不存在一条不可逾越的鸿沟。许多刑事违法行为就是由一般违法行为发展而来的。我国现行的许多行政、经济法规中的法律责任的规定，除明确违法行为要承担经济、行政责任外，情节严重，构成犯罪的，要承担刑事责任。可见，一般违法行为是可以转化为犯罪行为的。

三、应受刑罚惩罚性

应受刑罚惩罚性以行为的严重社会危害性和刑事违法性为前提，行为

如果没有严重的社会危害性和刑事违法性，自然不应受刑罚处罚。同时，应受刑罚处罚性是对具有严重的社会危害性和刑事违法性的评价。不需给予应受刑罚处罚评价的行为，不可能是犯罪。犯罪是应受刑罚惩罚的行为。犯罪是适用刑罚的前提，刑罚则是犯罪的法律后果，因此，应受刑罚惩罚性应是犯罪的一个基本特征。应受刑罚惩罚性这个特征将犯罪与刑罚这两个社会现象联系起来，也就是从一个现象与另一个现象的联系中来阐明这个现象的特性。应当注意的是，应受刑罚惩罚性并非指一切犯罪都要受到实际的刑罚惩罚。这与刑法中有些情况下定罪免刑并不矛盾。应受刑罚惩罚性，指行为具有应当受到刑罚惩罚的性质，这是对行为的评价，属于应然的范畴；而定罪免刑是对行为人免予刑罚处罚，是客观事实，属于实然问题；只有当某一行为应当受到刑罚处罚的情况下，才可能基于某种从宽的情节免除刑罚处罚，免除刑罚处罚是以具有应受刑法惩罚性为前提的。行为不应受刑罚处罚即意味着行为根本不构成犯罪，当然也就谈不上"免除处罚"的问题了。

犯罪的以上三个基本特征紧密结合，缺一不可。严重的社会危害性是犯罪的最基本的属性，反映了犯罪与社会的关系，说明了国家将一种行为规定为犯罪并以刑罚惩罚的理由，揭示了犯罪的社会政治内容。刑事违法性是犯罪的法律特征，揭示了犯罪与刑法的关系，反映了罪刑法定原则中罪刑法定的基本要求，表明了犯罪的法定性。应受刑罚惩罚性反映了犯罪与刑罚的关系，揭示了犯罪的法律后果。严重的社会危害性是刑事违法性与应受刑罚惩罚性的基础，缺乏此基础，行为不但不会在刑法上规定为犯罪，而且也无需在刑法上作出评价，刑事违法性和应受刑罚惩罚性由此便不能存在。但如果没有刑事违法性的法定量化，严重的社会危害性就没有衡量的尺度。而如果没有应受刑罚惩罚性，严重的社会危害性和刑事违法性便失去最终的归宿，也难以显示犯罪行为与其他违法行为在法律后果方面的区别。

第三节 犯罪概念的意义

犯罪概念是划分罪与非罪的总标准。一个行为究竟是犯罪或者不是犯罪，是犯罪还是其他违法行为、不道德行为、错误，从总体上说，就是看这个行为是否具有一定的社会危害性，并且是否达到触犯刑律、应受刑罚处罚的程度。一方面，这一定义科学地揭示了犯罪的社会政治属性和法律特征，指出犯罪是严重破坏刑法所保护的社会关系的行为，具有严重的社会危害性。社会危害性是犯罪的本质属性，它揭示了犯罪的社会政治本质。同时，这一定义又明确指出犯罪必须是依照法律应当受到刑罚惩罚的行为，如果一个行为具有严重的社会危害性，但法律没有规定其为犯罪，或者没有规定对这种行为的刑罚处罚，那么也就不能认定为犯罪。刑事违法性和应受刑罚惩罚性揭示了犯罪的法律特征和法律后果，反映了罪刑法定原则的基本要求。另一方面，这一定义在对犯罪进行定性描述的同时又设置了定量要求。刑法第十三条"但是"部分明确规定，符合刑法关于犯罪的定性描述的行为，如果"情节显著轻微危害不大的，不认为是犯罪"，从而将虽然具有一定的社会危害性和刑事违法性，但又情节显著轻微危害不大的行为排除在犯罪的范围之外。这样，从立法上既对犯罪的性质进行描述，又对犯罪的外延进行定量限制，有利于我们准确地把握犯罪的本质，适当地界定犯罪的范围，从而划清罪与非罪的界限。根据这一定义，只有具有一定严重程度的社会危害性的严重违反刑法的行为才能被认定为犯罪，否则只能以一般违法行为论处。在司法实务中，为了解决罪与非罪的界限，需要将犯罪概念这个标准具体化。

实践中，除了故意杀人、放火、抢劫、强奸、爆炸、投放危险物品等少数严重破坏社会秩序的行为由于其本身的社会危害性程度足以构成犯罪外，多数危害社会的行为必须是其社会危害性程度达到一定的严重程度，才能构成犯罪。对这些犯罪而言，就有一个因社会危害性程度大小而决定罪与非罪的界限问题。我国刑法分则大体上通过以下几种方式体现社会危

害性程度，从而区分罪与非罪：

（一）以情节严重、恶劣与否作为划分罪与非罪的界限。如虐待罪、遗弃罪以"情节恶劣"作为构成犯罪的条件，侮辱罪、诽谤罪则以"情节严重"作为构成犯罪的条件。

（二）以后果严重与否作为划分罪与非罪的界限。如交通肇事罪、危险物品肇事罪、生产销售劣药罪、挪用特定款物罪等。

（三）以是否有引起某种结果的严重危险作为划分罪与非罪的界限。如生产、销售假药罪以足以严重危害人体健康为划分构成犯罪的界限；妨害环境卫生检疫罪是以有引起检疫传染病传播的严重危险为构成犯罪的界限。

（四）以数额大小作为划分罪与非罪的界限。如诈骗罪、抢夺罪、虚报注册资本罪等。

（五）以是否使用法律规定的犯罪方法作为划分罪与非罪的界限。如暴力干涉婚姻自由罪以是否使用暴力作为构成犯罪与否的标准。

（六）以行为是否在特定时间内或地点实施作为划分罪与非罪的界限。如资敌罪、拒绝履行军事义务罪只有在战时实施才构成。

（七）以是否具有法律规定的特定犯罪对象为划分罪与非罪的界限。如非法生产、买卖军用标志罪、抢夺、窃取国有档案罪等。

（八）以是否"明知"、"故意"作为划分罪与非罪的界限。如运输假币罪、窝藏、转移、隐瞒、销售赃物罪等。

（九）以是否具有特定犯罪目的或意图作为界限。如诬告陷害罪必须是"意图使他人受到刑事追究"才构成犯罪，破坏生产经营罪必须"由于泄愤或者其他个人目的"才构成该罪，拐卖妇女、儿童罪必须是"以出卖为目的"等。

（十）以是否具有首要分子、直接责任人员、领导人等特定身份作为划分罪与非罪的界限。如聚众扰乱公共场所秩序、交通秩序罪，其处罚的对象仅限于首要分子；强迫职工劳动罪，只有用人单位的直接责任人员才可构成；打击、报复会计、统计人员罪，其主体仅限于"公司、企业、事业单位、机关、团体的领导人"。

第四节 犯罪构成

一、犯罪构成的概念和特征

犯罪构成，是指依照我国刑法的规定，决定某一具体行为的社会危害性及其程度而为该行为构成犯罪所必需的一切客观和主观要件的有机统一。

犯罪构成与犯罪概念是两个既有密切联系又有区别的概念。犯罪概念是犯罪构成的基础，犯罪构成是犯罪概念的具体化。犯罪概念回答的是什么是犯罪、犯罪有哪些基本属性的问题，从总体上划清罪与非罪的界限，是确定犯罪的总标准，是对犯罪基本特征的高度概括。犯罪构成则是进一步回答犯罪是怎样成立的，其成立需要具备哪些法定要件，其所要解决的是成立犯罪的具体标准、规格问题，是划清罪与非罪、此罪与彼罪的具体标准。犯罪概念作为对各种犯罪现象的本质特征和法律特征的科学抽象与概括，它本身并不能直接解决司法实践中所必需的认定犯罪的具体标准问题，它所具有的对罪与非罪的界定作用只有通过犯罪构成才能发挥。离开犯罪构成，犯罪概念就成了空洞和抽象的东西。而犯罪构成只有在犯罪概念的指导下才成为区分罪与非罪、此罪与彼罪的标准，具备犯罪构成的行为，同时也就具备了严重的社会危害性、刑事违法性、应受刑罚惩罚性的特征。犯罪概念与犯罪构成相互联系而又相互区别，相辅相成，共同为正确认定犯罪服务。

犯罪构成具有以下特征：

（一）犯罪构成是一系列主客观要件的有机统一，这是主客观相统一的原则在犯罪构成中的体现。任何一个犯罪构成都包括许多要件，这些要件有表明犯罪客体、犯罪客观方面的，有表明犯罪主体、犯罪主观方面的，它们的有机统一形成了某种犯罪的犯罪构成。我国刑法规定了四百多种具体犯罪，每一种具体犯罪都有自己的犯罪构成，而每一种犯罪构成，都是一系列要件的有机统一。所谓有机统一，是指犯罪构成并非成立犯

所需的各个要件的简单相加，而是由各个要件按照犯罪构成的要求相互联系、相互作用，共同组成一个说明犯罪规格与标准的有机整体。

（二）任何一种犯罪都可以由许多事实特征来说明，但并非每一个事实特征都是犯罪构成的要件，只有对行为的社会危害性及其程度具有决定意义而为该行为成立犯罪所必需的事实特征，才是犯罪构成的要件。犯罪构成要件，是指从同类案件的形形色色的事实中经过抽象、概括出来的带有共性的、对犯罪性质和危害性具有决定意义的事实。犯罪构成的各个要件从不同角度说明行为的社会危害性；犯罪构成的整体说明行为的社会危害性达到了构成犯罪的程度。把犯罪构成仅看作是与犯罪的社会危害性本质相脱离的纯粹的形式化概念是很不科学的，它会导致犯罪构成无法反映和说明犯罪本质的后果，这无异于从根本上否定了犯罪构成在犯罪认定中的作用与核心价值。考察某一行为是否具有社会危害性并构成犯罪，必须且只要看它是否具有符合该罪犯罪构成的事实（犯罪构成要件）。在我国刑法中，犯罪构成是犯罪成立的充分条件，行为符合犯罪构成，不需要增加其他的条件，即可认定构成犯罪。

（三）行为成立犯罪所必须具备的诸要件是由刑法加以规定的，事实特征只有经过法律的选择才能成为犯罪构成要件。在立法者看来，正是这些要件的综合，对于说明该行为成立犯罪恰到好处，缺少一个要件也不行，但再附加什么也不必要。犯罪构成的法定性，直接体现了犯罪构成是罪刑法定原则之要求这一事实。所谓罪刑法定中的"罪"的法定，主要是指对犯罪的构成要件的法定。应当指出，刑法对犯罪构成的规定，是通过刑法总则和刑法分则共同加以实现的。刑法总则规定一切犯罪必须具备的要件，刑法分则规定具体犯罪特别需要具备的要件。在根据刑法分则认定具体犯罪的时候，应当结合刑法总则的规定，对有关案件事实一一加以认定。只有把刑法总则规定的各种具体犯罪的共同要件与刑法分则规定的各种具体犯罪的具体构成要件密切结合起来，才能全面把握犯罪构成要件。根据我国刑法，任何一种犯罪的成立都必须具备四个方面的构成要件，即犯罪客体、犯罪客观方面、犯罪主体、犯罪主观方面。

二、犯罪构成的意义

犯罪构成的意义具体体现在以下几方面：

1. 有助于区分罪与非罪

犯罪构成为区分罪与非罪提供了明确而具体的法律标准。这些标准有些规定在刑法总则中，更大量地规定在刑法分则中。认真查明这些犯罪构成的要件，在司法实践中就可以准确地把罪与非罪加以区分。

2. 有助于区分此罪与彼罪

犯罪构成不仅为罪与非罪的区分提供法律依据。而且为此罪与彼罪的区分提供了法律标准。一切犯罪虽然都必须具有共同的犯罪构成要件，但各种不同的犯罪又存在各自不同的犯罪构成。因此，只要掌握了每个犯罪的犯罪构成要件，就可以正确区分此罪与彼罪的界限。

3. 有助于正确裁量刑罚

犯罪构成的主要作用是为正确定罪提供法律标准，但定罪是量刑的基础和前提，只有定性准确，才能量刑适当。因此，犯罪构成对正确量刑也有一定的意义。尤其是在加重构成与减轻构成的情况下，正确地运用犯罪构成对于量刑更具有重要意义。

第五节 石油企业生产中涉及的刑事法律责任

一、重大责任事故罪

中华人民共和国刑法第一百三十四条规定："在生产、作业中违反有关安全管理的规定，因而发生重大伤亡事故或者造成其他严重后果的，处三年以下有期徒刑或者拘役；情节特别恶劣的，处三年以上七年以下有期徒刑。"

本罪的犯罪客体：危害公共安全；客观方面：表现为违反规章制度进行生产作业；主观方面：过失；犯罪的主体是自然人。

二、强令违章冒险作业罪

中华人民共和国刑法第一百三十四条规定："强令他人违章冒险作业，因而发生重大伤亡事故或者造成其他严重后果的，处五年以下有期徒刑或者拘役；情节特别恶劣的，处五年以上有期徒刑。"

本罪的犯罪主体是特殊主体，即具有强令资格的人，通常情况下是作业的领导者、指挥者、调度者。主观方面是过失。

三、重大劳动安全事故罪

中华人民共和国刑法第一百三十五条规定："安全生产设施或者安全生产条件不符合国家规定，因而发生重大伤亡事故或者造成其他严重后果的，对直接负责的主管人员和其他直接责任人员，处三年以下有期徒刑或者拘役；情节特别恶劣的，处三年以上七年以下有期徒刑。"

本罪的主体是工厂、矿山、林场、建筑企业或者其他企业、事业单位及其中对重大劳动安全事故负有直接责任的人员。本罪在主观方面是过失，包括疏忽大意的过失和过于自信的过失，即应当预见到自己不采取措施消除事故隐患的行为可能发生重大伤亡事故或者造成其他严重后果，因为疏忽大意而没有预见，或者已经预见而轻信能够避免。

四、交通肇事罪

中华人民共和国刑法第一百三十三条规定：违反交通运输管理法规，

因而发生重大事故，致人重伤、死亡或者使公私财产遭受重大损失的，处三年以下有期徒刑或者拘役；交通运输肇事后逃逸或者有其他特别恶劣情节的，处三年以上七年以下有期徒刑；因逃逸致人死亡的，处七年以上有期徒刑。

五、危险物品肇事罪

中华人民共和国刑法第一百三十六条规定：违反爆炸性、易燃性、放射性、毒害性、腐蚀性物品的管理规定，在生产、储存、运输、使用中发生重大事故，造成严重后果的，处三年以下有期徒刑或者拘役；后果特别严重的，处三年以上七年以下有期徒刑。

六、消防责任事故罪

中华人民共和国刑法第一百三十九条规定：违反消防管理法规，经消防监督机构通知采取改正措施而拒绝执行，造成严重后果的，对直接责任人员，处三年以下有期徒刑或者拘役；后果特别严重的，处三年以上七年以下有期徒刑。

七、妨害公务罪

中华人民共和国刑法第一百七十七条规定：以暴力、威胁方法阻碍国家机关工作人员依法执行职务的，处三年以下有期徒刑、拘役、管制或者罚金。

八、非法占用耕地罪

中华人民共和国刑法第三百四十二条规定：违反土地管理法规，非法占用耕地改作他用，数量较大，造成耕地大量毁坏的，处五年以下有期徒刑或者拘役，并处或者单处罚金。《最高人民法院关于审理破坏土地资源刑事案件具体应用法律若干问题的解释》第三条规定：非法占用耕地"数量较大"，是指非法占用基本农田五亩以上或者非法占用基本农田以外的耕地十亩以上。非法占用耕地"造成耕地大量毁坏"，是指行为人非法占用耕地建窑、建坟、建房、挖沙、采石、采矿、取土、堆放固体废弃物或者进行其他非农业建设，造成基本农田五亩以上或者基本农田以外的耕地十亩以上种植条件严重毁坏或者严重污染。

九、盗伐林木罪、滥伐林木罪

中华人民共和国刑法第三百四十五条规定：盗伐森林或者其他林木，

数量较大的，处三年以下有期徒刑、拘役或者管制，并处或者单处罚金；数量巨大的，处三年以上七年以下有期徒刑，并处罚金；数量特别巨大的，处七年以上有期徒刑，并处罚金。

十、非法占用林地罪

《最高人民法院关于审理破坏林地资源刑事案件具体应用法律若干问题的解释》第一条规定：违反土地管理法规，非法占用林地，改变被占用林地用途，在非法占用的林地上实施建窑、建坟、建房、挖沙、采石、采矿、取土、种植农作物、堆放或排泄废弃物等行为或者进行其他非林业生产、建设，造成林地的原有植被或林业种植条件严重毁坏或者严重污染，并具有下列情形之一的，属于《中华人民共和国刑法修正案（二）》规定的"数量较大，造成林地大量毁坏"，应当以非法占用农用地罪判处五年以下有期徒刑或者拘役，并处或者单处罚金：非法占用并毁坏防护林地、特种用途林地数量分别或者合计达到五亩以上；非法占用并毁坏其他林地数量达到十亩以上。

第三章

石油企业涉及的行政法律责任问题

对于石油企业而言，只有在深入研究分析其与地方关系基本内涵及其主要特征基础上，才能更加准确和深入的了解和认识存在的主要法律问题，并从中寻找到行之有效的具体应对措施或途径。

第一节　行政法律责任的概念

所谓行政法律责任，是指行政法律关系主体由于违反行政法律规范的义务构成行政违法以及部分的行政不当而依法承担的法律上的消极后果。

一般说来，行政法律责任有广义和狭义两种不同的解释。从广义上说，行政法律责任既包括行政法律规范所规定的不必强制履行的各种应尽的义务，如个体经营户必须纳税，驾驶员必须遵守交通规则，警察必须履行打击犯罪、保护人民的职责等，同时行政法律责任也包括由于实际违反了行政法律规定而应当承担的强制履行的义务，驾驶员酒后驾车，交通管理部门依法进行处罚，驾驶员必须接受处罚等。从狭义上说，行政法律责任仅指由于行政违法及部分的行政不当所承担的法律后果。

第二节　行政法律责任的特征

一、承担行政法律责任主体的多重性

国外的一些行政法学者把承担行政法律责任的主体仅限于国家和国家公务人员，因此把行政法律责任限于政府责任等，而在我国却并不完全是这样，而是具有多重性。

1. 国家机关的行政法律责任

国家机关代表国家从事行政管理，拥有广泛的行政权力，既包括行政立法权、命令权，也包括处罚权、仲裁权等，但权力必须依法行使，如果行政机关未依法行使职权，就必须承担相应的法律责任。

2. 国家公务员的行政法律责任

国家公务员是指国家依法定方式和程序任用的在国家各级行政机关工作，并依法行使国家行政职权，执行国家公务的人员。公务员依照国家法律规定执行公务，是公务行为而非个人行为。因此，公务员在行使职权的过程中，违反法律规定的义务，或者未按照法律规定的程序行使权力，侵犯了行政相对人的权利，必须要承担的行政法律责任应当由公务员所代表的行政机关承担。但行政机关承担责任并不意味着就此免除公务员的责任。我国《行政诉讼法》第六十八条规定，"行政机关或行政机关工作人员作出的具体行政行为侵犯公民、法人或者其他组织的合法权利造成损害的，由该行政机关或者该行政机关工作人员所在的行政机关赔偿。行政机关赔偿损失后，应当责令有故意或者重大过失的行政机关工作人员承担部分或者全部赔偿费用。"根据上述规定，我国国家公务员的行政法律责任是一种候补责任，实践中，通常是以受行政处分的形式体现的。

3. 被授权人和被委托人的法律责任

被授权人和被委托人是指法律法规授权或行政机关委托、行使一定行政职权，办理一定行政事务的组织和个人。如工会、妇联、共青团等社会团体和组织，专业性的公司、基层群众性自治组织等。作为被授权人和被委托人在行使其行政职权时，如果违反法律规定或者超越行政职权范围，就必须要承担相应的行政法律责任。

4. 行政相对人的法律责任

行政相对人是指在行政法律关系中处于被管理一方的当事人。具体包括企业事业单位、社会团体和组织公民个人等。在具体的行政法律关系中，如果行政相对人违反了行政法规定的义务，就必须要承担相应的法律责任。

二、行政法律责任的相互性

在行政法律关系中，由于行政机关和行政相对人的地位是不平等的，行政机关是以国家的名义行使职权的，行政相对人必须接受行政机关依照法律法规作出的具有法律拘束力的行政决定或命令，如果拒绝执行，必须对国家承担相应的行政法律责任。同样行政机关也必须合理合法地行使国家赋予的职权，如果滥用职权，为行政相对人造成损失，就必须承担一定的行政法律责任。这两种责任是相辅相成、相互依存的，缺少任何一方，都会造成行政法律责任的失衡。

三、追究行政法律责任主体的多元性

由于行政法律责任的主体具有多重性，因而，追究行政法律责任的主体同样也具有多元化的特点。

1. 国家权力机关

国家权力机关是指中央和地方的各级人民代表大会和常务委员会。其对行政法律责任的追究权直接来自宪法和法律的规定，具体包括罢免权和撤销权。

2. 国家司法机关

国家司法机关主要指人民法院。其对行政法律责任的追究权主要是对行政法律责任的审查和确认权。即负责对行政机关作出的行政行为的合法性进行审查确认。

3. 国家行政机关

行政机关对行政法律责任的确认权是指行政机关依法对一定的行政主体或行政相对人的行政法律责任直接进行裁定的权力。

四、追究行政法律责任程序的复杂性

行政诉讼法第五十四条第二款第三项规定，具体行政行为违反法定程序的，人民法院可以判决撤销或者部分撤销，并可以判决被告重新作出具体行政行为。这一法律规定明确告诉我们，行政部门的行政处罚，如果没有按照行政处罚法或其他单行行政法律、法规或规章规定的程序、步骤操作，都属因违反法定程序而无效的行政处罚。

五、行政法律责任的法定性

《中华人民共和国行政处罚法》第三条规定，"公民、法人或者其他组织违反行政管理秩序的行为，应当给予行政处罚的，依照本法由法律、法规或者规章规定，并由行政机关依照本法规定的程序实施。没有法定依据或者不遵守法定程序的，行政处罚无效。"这就是说，对于行政相对人的具体行为是否应当给予行政处罚，或给予什么样的行政处罚，必须是由国家的行政法律、法规或行政规章决定的，未经法律、法规或规章规定，任何部门、个人都不得进行处罚。

六、行政法律责任的普遍性

行政法律责任的种类、幅度、范围是国家的行政法律、法规或规章规定的，因而，作为行政相对人的一切单位和个人，不论任何时候，只要是在国家领土主权管辖范围内的行为，必然要受到国家行政法律、法规或规章规范、制约和影响。

七、行政法律责任的强制性

由于行政法律责任是靠国家的强制力来实现的，因此，其规定的各种处罚方式均具有强制性，任何单位、个人如果触犯了国家行政法律、法规或规章的禁止性规定，就必然要受到相应的行政处罚，并且，这种处罚一旦产生法律效力，当事人就必须要履行，否则，不仅要被行政机关或法院强制执行，而且还可能要承担其他法律责任。

第四章

石油企业涉及的行政许可法律问题

　　行政许可，是指行政机关根据公民、法人或者其他组织的申请，经依法审查，准予其从事特定活动的行为。

第一节 设立行政许可的事项

我国《行政许可法》第十二条规定，下列事项可以设定行政许可：

（一）直接涉及国家安全、公共安全、经济宏观调控、生态环境保护以及直接关系人身健康、生命财产安全等特定活动，需要按照法定条件予以批准的事项；

（二）有限自然资源开发利用、公共资源配置以及直接关系公共利益的特定行业的市场准入等，需要赋予特定权利的事项；

（三）提供公众服务并且直接关系公共利益的职业、行业，需要确定具备特殊信誉、特殊条件或者特殊技能等资格、资质的事项；

（四）直接关系公共安全、人身健康、生命财产安全的重要设备、设施、产品、物品，需要按照技术标准、技术规范，通过检验、检测、检疫等方式进行审定的事项；

（五）企业或者其他组织的设立等，需要确定主体资格的事项；

（六）法律、行政法规规定可以设定行政许可的其他事项。

第二节 设立行政许可的主体

（一）法律。法律可以设定行政许可。

（二）行政法规。尚未制定法律的，行政法规可以设定行政许可。

（三）中央人民政府的决定。必要时，国务院可以采用发布决定的方式设定行政许可。实施后，除临时性行政许可事项外，国务院应当及时提请全国人民代表大会及其常务委员会制定法律，或者自行制定行政法规。

（四）地方法规。《行政许可法》第十二条所列事项，尚未制定法律、行政法规的，地方性法规可以设定行政许可；

（五）省级地方政府规章。尚未制定法律、行政法规和地方性法规的，

因行　　　政管理的需要，确需立即实施行政许可的，省、自治区、直辖市
人民政府规章可以设定临时性行政许可。

第三节　设立行政许可的限制条件

地方性法规和省、自治区、直辖市人民政府规章，不得设定应当由国
家统一确定的公民、法人或者其他组织的资格、资质的行政许可；不得设
定企业或者其他组织的设立登记及其前置性行政许可。其设定的行政许
可，不得限制其他地区的个人或者企业到本地区从事生产经营和提供服
务，不得限制其他地区的商品进入本地区市场。

第四节　行政许可的期限

1. 最短期限

除可以当场作出行政许可决定的外，行政机关应当自受理行政许可申
请之日起二十日内作出行政许可决定。

2. 延长期限

二十日内不能作出决定的，经本行政机关负责人批准，可以延长十
日，并应当将延长期限的理由告知申请人。但是，法律、法规另有规定
的，依照其规定执行。

3. 集中办理期限

依照《中华人民共和国行政许可法》第二十六条的规定，行政许可采
取统一办理或者联合办理、集中办理的，办理的时间不得超过四十五日；
四十五日内不能办结的，经本级人民政府负责人批准，可以延长十五日，
并应当将延长期限的理由告知申请人。

第五节 行政许可费用

行政机关实施行政许可和对行政许可事项进行监督检查，不得收取任何费用。但是，法律、行政法规另有规定的，依照其规定。

第六节 石油企业工农关系涉及的行政许可种类

根据现有有关法律法规规定，石油企业勘探开发行为涉及的行政许可事项主要有：临时用地许可、水土保持治理方案编制规划许可、草原占用许可、河道使用许可、水资源使用许可、林地占用许可，民爆物品运输、存储及使用许可等。

第五章

石油企业涉及的行政处罚问题

所谓行政处罚是指行政机关依照《行政处罚法》规定的程序，行政法规规定的处罚内容和种类，对公民、法人或者其他组织违反行政管理秩序的行为实施的行政处罚决定。

第一节 行政处罚的原则

一、无法律依据或不遵循法定程序处罚无效原则

没有法定依据或者不遵守法定程序的，行政处罚无效。对违法行为给予行政处罚的规定必须公布；未经公布的，不得作为行政处罚的依据。

二、行政处罚遵循公正、公开的原则

三、以事实为依据原则

设定和实施行政处罚必须以事实为依据，与违法行为的事实、性质、情节以及社会危害程度相当。

第二节 行政处罚相对人享有的权利

行政处罚法规禁止行政执法机关干预行政相对人行使法律赋予的权利。现行行政法律、法规或规章赋予行政相对人的各种权利，实质上也是行政机关在行使行政职权时必须遵守的程序和步骤，如果行政机关拒绝或阻碍了该权利的行使，同样也构成行政不当。

一、陈述、申辩权

行政机关在追究行政法律责任时，行政相对人依法拥有陈述和申辩的权利。行政机关不得因行政相对人申辩而加重处罚。

二、听证权

行政机关作出追究行政相对人的行政法律责任时，必须告知行政相对人依法享有要求举行听证会的权利，否则，不能进行行政处罚。依照我国行政处罚法规定，行政机关作出责令停产停业、吊销许可证或者执照、较大数额罚款等行政处罚决定之前，应当告知当事人有要求举行听证的权利；当事人要求听证的，行政机关应当组织听证。当事人不承担行政机关组织听证的费用。

三、管辖异议权

行政相对人依法享有管辖异议，行政机关不得干预和阻止该项权利的实施。

四、申请复议权

对行政机关追究行政法律责任的决定，行政相对人依法享有申请复议。

五、行政诉讼权

对行政机关追究行政法律责任的决定，行政相对人依法享有行政诉讼权，任何行政机关或部门都不得妨碍行政相对人行使该项权利。

六、赔偿请求权

公民、法人或者其他组织因行政机关违法行政处罚受到损害的，有权依法提出赔偿要求。

第三节 行政处罚种类

行政处罚可以根据不同的标准进行分类。若以行政处罚的性质为标准，行政处罚可分为限制或剥夺权利性的处罚、科以义务性的处罚、影响声誉的处罚；以行政处罚的内容为标准，其可分为人身自由罚、声誉罚(申诫罚、精神罚)、财产罚、行为罚四类。

一、人身自由罚

人身自由罚是指行政机关实施的在短期内限制或剥夺公民人身自由的行政处罚。我国法律、法规规定的人身自由罚有两种形式：行政拘留和劳动教养。

1. 行政拘留

行政拘留也称治安拘留，是对违反治安管理的人，依法在短期内限制其人身自由的一种处罚。行政拘留的期限一般为一日以上十五日以下，有两项以上违法行为"并处"的，不受此限。

2. 劳动教养

是指行政机关对习惯性违法或有轻微犯罪行为尚不够刑事处罚又有劳

动能力的人采取的一种行政处罚。劳动教养的期限一般为一至三年，必要时可延长一年。它是行政处罚中最严厉的一种。

二、行为罚

行为罚是限制和剥夺违法相对方某种行为能力或资格的处罚措施，有时也称能力罚。行为罚不同于自由罚，前者既可以针对个人，又可以针对组织。而后者则只能适用于个人。行为罚的主要表现形式有：责令停产停业，吊销许可证、执照等。

1. 责令停产停业

这是限制违法相对方从事生产、经营活动的处罚形式。

2. 吊销、暂扣许可证和执照

吊销许可证和执照，是禁止相对方从事某种特许权利或资格的处罚。

3. 可以相对方某种作为义务

如责令违法相对方限期治理，恢复植被等。

三、财产罚

财产罚是指使被处罚人的财产权利和利益受到损害的行政处罚。这种处罚在于使违法者缴纳一定数额的金钱或者是没收其一定财物，并不影响违法者的人身自由和进行其他活动的权利。财产罚这种特性决定了财产罚所适用的范围广泛，也是一种行之有效的行政处罚。财产罚的具体形式主要有：罚款、没收财物(没收非法财物、没收违法所得)。

1. 罚款

是指行政主体强制违法相对方承担金钱给付义务的处罚形式。罚款与罚金这两个概念虽然都属于金钱处罚，但两者存在很大的区别：

一是罚金是刑罚中的一种附加刑，因而受过罚金处罚的就是受过刑罚的人，在法律上就算有前科，而罚款是一种行政处罚，不发生前科问题。

二是处罚的根据不同。罚金由刑法规定，适用时依据刑法和其他单行刑事法律规范，而罚款则由行政法规定，适用时依据行政法律规定。

三是适用主体不同。罚金由人民法院依法判处，而罚款则由行政机关或法律、法规授权的组织科处。

四是适用对象不同。罚金适用犯罪分子，而罚款适用违反行政法律、规范的人或其他组织，其惩罚程度要比罚金轻。

2. 没收财物(没收非法所得、没收非法财物)

没收财物是由行政主体实施的将行政违法行为人的部分或全部违法收入、物品或其他非法占有的财物收归国家所有的处罚方式。

没收财物的处罚不同于刑法中的没收财产刑。没收财产是将犯罪分子个人所有的一部分或全部财产强制无偿地收归国家所有的刑罚。两者的区别主要表现在:

一是性质不同。

二是对象不同。没收财产只限于犯罪分子的个人财产,而没收财物的对象则是违禁品、赃款、赃物和进行非法活动使用的工具。

三是适用的范围不同。没收财产主要适用于反革命罪等性质严重的犯罪;没收财物既可适用于一般行政违法行为,也可适用于严重的行政违法行为。

3. 责令金钱或物质赔偿

是指行政主体要求违法相对方就其违法行为给其他个人、组织或国家造成的损害进行赔偿的处罚措施。

四、声誉罚

是指行政主体对违法者的名誉、荣誉、信誉或精神上的利益造成一定损害以示警戒的行政处罚,故又称申诫罚或精神罚。声誉罚既适用于个人也适用于组织。其主要形式有警告,通报批评等。

1. 警告

它是指行政主体对违法者实施的一种书面形式的谴责和告诫。

2. 通报批评

所谓通报批评是指行政主体以公开、公布的方式,使被处罚人的名誉权受到损害,既制裁、教育违法者,又可广泛地教育他人的一种行政处罚形式。

第四节 行政处罚的设定权限

一、法律

法律可以设定各种行政处罚。限制人身自由的行政处罚,只能由法律设定。

二、行政法规

行政法规可以设定除限制人身自由以外的行政处罚。法律对违法行为已经作出行政处罚规定，行政法规需要作出具体规定的，必须在法律规定的给予行政处罚的行为、种类和幅度的范围内规定。

三、地方性法规

地方性法规可以设定除限制人身自由、吊销企业营业执照以外的行政处罚。法律、行政法规对违法行为已经作出行政处罚规定，地方性法规需要作出具体规定的，必须在法律、行政法规规定的给予行政处罚的行为、种类和幅度的范围内规定。

四、国务院部、委员会制定的规章

国务院部、委员会制定的规章可以在法律、行政法规规定给予行政处罚的行为、种类和幅度范围内作出具体规定。

尚未制定法律、行政法规的，前款规定的国务院部、委员会制定的规章对违反行政管理秩序的行为，可以设定警告或者一定数量罚款的行政处罚。罚款的限额由国务院规定。

第五节　行政处罚依据

行政处罚法第三条规定，没有法定依据的行政处罚无效，第四条规定，对违法行为给予行政出发的规定必须公布；未经公布的，不得作为行政处罚的依据。因此，若行政处罚引用的法律依据不是行政法律、法规或规章，或引用的法律依据没有公布，或引用的法律依据虽然公布，但超出了行政法律、法规或规章规定的种类、范围，则为无效的行政处罚。

第六节　行政处罚程序

行政机关除当场做出行政处罚的案件之外，均适用一般程序。

一、行政处罚实施程序

1. 立案

对初步审查符合立案条件的环境违法行为，应在七日内决定是否立案。决定立案的，执法人员首先填写《环境保护行政处罚立案呈批表》，法制机构填写《立案登记表》。

2. 调查取证

由执法人员现场制作《现场调查询问笔录》、《现场笔录》、及其他相关证据。

3. 调查报告

执法人员应在七日内调查终结，并向法制机构提交调查报告及有关证据材料。

4. 审查、决定

法制机构依法审查、核实并提出处理建议报本部门负责人决定。

5. 事先告知

决定处罚的，由执法人员制作行政处罚告知书、改正环境违法行为通知书并在七日内送达；属于听证的案件同时下达听证告知书。

6. 行政处罚决定书

送达行政处罚告知书七日后，当事人无异议或不成立，由法制机构制作《行政处罚决定书》，报本部门法定代表人签发后到本部门财务领取罚没票据交执法人员送达。

7. 执行

被处罚人应在接到处罚决定之日起十五日内，或者处罚决定的期限内予以履行。

8. 强制执行

《行政处罚决定书》送达后，当事人未在法定期限履行的，由做出行政处罚的机构申请法院强制执行。

二、听证程序

1. 适用条件

责令停产停业；吊销许可证或执照；较大数额罚款（对法人或其他组织处以一万元以上罚款，对公民处以五百元以上的罚款）。

2. 具体步骤

一是告知当事人有在三日内要求举行听证的权利；

二是当事人决定是否要求听证；

三是在举行听证的七日前，告知当事人举行听证的时间、地点；

四是听证公开举行（涉及国家秘密、商业秘密或者个人隐私的除外）；

五是确定听证主持人，当事人有权要求与本案有直接利害关系的主持人回避；

六是当事人可亲自参加或委托代理人参加听证；

七是举行听证：调查人提出当事人违法的事实、证据、依据和处罚建议，当事人进行申辩和质证；

八是听证应当制作听证笔录，交当事人审核无误后签名或盖章。听证结束后，继续一般程序中的审查并做出决定的程序。

三、行政处罚执行程序

行政处罚决定一旦作出，就具有法律效力，处罚决定中确定的义务必须得到履行。处罚执行程序有六项重要内容：

一是实行处罚机关与收缴罚款机构相分离。

二是在行政处罚决定作出后，作出罚款决定的行政机关及其工作人员不能自行收缴罚款，由当事人十五日内到指定的银行缴纳罚款，银行将收缴的罚款直接上缴国库。

三是在以下情况下，可以当场收缴罚款：

依法给予二十元以下罚款的；

不当场收缴事后难以执行的；

在边远、水上、交通不便地区，当事人向指定的银行缴纳罚款确有困难，经当事人提出，行政机关及其执法人员可当场收缴罚款。

四是严格实行收支两条线，罚款必须全部上交财政。

五是执法人员当场收缴的罚款，应当按规定的期限上缴所在的行政机关，行政机关则应按规定的期限交付给指定银行。行政机关实施罚款、没收非法所得等处罚所收缴的款项，必须全部上交国库，财政部门不得以任何形式向作出行政处罚的机关返还这些款项的全部或部分。

六是行政处罚的强制执行。行政处罚决定作出之后，当事人应当在法

定期限内自觉履行义务，如果当事人没有正当理由逾期不履行，则导致强制执行。根据《行政处罚法》，强制执行有三种措施：

到期不缴纳罚款的，每日按罚款额的百分之三加处罚款；

将查封、扣押财物拍卖或者将冻结存款划拨抵缴罚款；

申请人民法院强制执行。

第七节　应当依法从轻或者减轻行政处罚的情形

一是主动消除或者减轻违法行为危害后果的；

二是受他人胁迫有违法行为的；

三是配合行政机关查处违法行为有立功表现的；

四是其他依法从轻或者减轻行政处罚的；

五是违法行为轻微并及时纠正，没有造成危害后果的，不予行政处罚。

第八节　地方政府不正当行政行为的表现形式

地方政府的侵权是指地方政府部门为了最大限度获取或实现本地区或本部门经济利益，利用国家法律、法规或地方性法规赋予的行政执法权，而对石油企业勘探开发企业采取的非正当行政行为。

一、拒绝或拖延办理施工许可手续

地方政府部门通常以申请办理施工许可的证件过期，资料不全；或石油企业勘探开发施工危害当地环境保护现状；或可能引发潜在的工农矛盾，导致社会治安形势恶化，影响稳定大局；或上级部门未明确指示，主管该事项的领导不在等各种借口或理由，拖延办理，在拖延无效时，甚至采用不讲任何条件或理由而断然拒绝的方式，阻止石油企业勘探开发施工作业。

二、违规收取押金

依照法律规定，只要石油企业勘探开发行为依法获得施工许可，地方政府不得以任何名义和理由收取押金等，但在实际运行中，地方政府收取押金的情况屡见不鲜。

三、提高收费标准

依照法律规定，行政事业型收费标准或石油企业勘探开发损害补偿标准只能由地方性法规或省级人民政府的行政规章才能作出规定，省级以下政府均无权擅自制定或提高收费标准。但在现实中，各县级政府经常出台各类收费标准，并且呈现逐年提高的趋势。

四、扩大收费范围

依照有关法律规定，行政事业型收费范围只能由法律或行政法规规定，石油企业勘探开发损害补偿费用只能按照实际损害补偿的原则，进行合理补偿，但在现实中，地方政府随意扩大收费范围的情况也经常发生，其实质为侵害企业合法权益的行为。

五、收取协调费

根据有关法律规定，地方政府收取的协调费属典型的乱收费行为，既无事实依据，亦无法律依据。但在现实生活中，地方县级以下政府，包括不具有政府职能的村民委员会等均有收取协调费的行为。

六、暗中给下面打招呼阻挡施工

一旦地方政府的其他侵权行为方式难以奏效，则会采用给下面暗中打招呼方式，阻止施工或以其他手段影响施工速度或进程，这种表面或口头支持，而暗中不支持的行为实质上仍是一种侵权行为。

七、加大行政执法频次或力度

地方政府还经常通过加大对石油企业勘探开发过程中各个生产环节的监督检查力度，并根据情况作出限期整改或责令停工等执法检查方式，制约或影响地震生产。如果我处的石油企业勘探开发生产过程符合安全环保有关法律法规规定，则其所谓执法行为实质为侵权行为。

第六章

石油企业涉及的国土资源行政处罚

　　石油在勘探开发生产中，必须要依照国家法律法规要求，在地方政府部门依法办理国土资源方面的行政许可及审批事项，否则，即为非法生产经营行为，必然要涉及相关的行政处罚问题。

第一节　国土资源行政处罚的一般程序

受理；立案；调查；行政处罚告知；行政处罚听证告知：需要作出责令停产停业、吊销许可证、较大数额罚款等行政处罚决定前，应当履行行政处罚听证告知程序；处罚决定；送达；执行；结案。

第二节　国土资源行政处罚的简易程序

一、适用简易程序的条件

违法事实确凿并有法定依据，对公民处以五十元以下、对法人或者其他组织处以一千元以下罚款或者警告的行政处罚的，可以当场作出行政处罚决定。

二、简易程序

受理；立案；调查；处罚决定；送达；执行；结案。

第三节　国土资源违法行为行政处罚依据

一、非法转让土地的行政处罚

依照《中华人民共和国城镇国有土地使用权出让和转让暂行条例》第四十六条规定，未经批准，非法转让、出租、抵押以划拨方式取得的国有土地使用权的，将会受到没收违法所得；罚款的行政处罚。

二、不符合法律规定的条件，非法转让以出让方式取得的国有土地使用权的行政处罚

根据《中华人民共和国城市房地产管理法》第六十五的条规定，不符合法律规定的条件，非法转让以出让方式取得的国有土地使用权的，将会受到没收违法所得；罚款的行政处罚。

三、将农民集体所有的土地的使用权非法出让、转让或者出租用于非农业建设的行政处罚

根据《中华人民共和国土地管理法》第八十一条，《中华人民共和国土地管理法实施条例》第三十九条规定，将农民集体所有的土地使用权非法出让、转让或者出租用于非农业建设的，将受到没收非法所得；罚款的行政处罚。

四、买卖或者以其他形式非法转让土地的行政处罚

根据《中华人民共和国土地管理法》第七十三条，《中华人民共和国土地管理法实施条例》第三十八条，《基本农田保护条例》第三十条的规定，买卖或者以其他形式非法转让土地的，将会受到没收违法所得；限期拆除地上新建的建筑物和其他设施；没收地上新建的建筑物和其他设施；罚款的行政处罚。

五、非法占地行为的处罚

1. 未经批准或者采取欺骗手段骗取批准，非法占用土地的

根据《中华人民共和国土地管理法》第七十六条，《中华人民共和国土地管理法实施条例》第四十二条的规定，未经批准或者采取欺骗手段骗取批准，非法占用土地的，将会受到责令退还非法占用的土地；限期拆除地上新建的建筑物和其他设施；没收地上新建的建筑物和其他设施；罚款的行政处罚。

2. 超过批准数量占用土地的

超过批准数量占用土地的，根据《中华人民共和国土地管理法》第七十六条，《中华人民共和国土地管理法实施条例》第四十二条的规定，将会受到责令退还非法占用的土地；限期拆除地上新建的建筑物和其他设施；没收地上新建的建筑物和其他设施；罚款的行政处罚。

3. 拒不归还非法占用土地的

依法收回非法批准、使用的土地，有关当事人拒不归还的，根据《中华人民共和国土地管理法》第七十六、七十八条，《中华人民共和国土地管理法实施条例》第四十二条的规定，将会受到责令退还非法占用的土地；限期拆除地上新建的建筑物和其他设施；没收地上新建的建筑物和其他设施；罚款的行政处罚。

依法收回国有土地使用权，当事人拒不交出土地的，根据《中华人民

共和国土地管理法》第八十条,《中华人民共和国土地管理法实施条例》第四十三条的规定,将会受到责令交还土地;罚款的行政处罚。

4. 使用期满拒不归还土地的

临时使用土地期满,拒不归还土地的;不按照批准的用途使用土地的;根据《中华人民共和国土地管理法》第八十条,《中华人民共和国土地管理法实施条例》第四十三条的规定,将会受到责令交还土地;罚款的行政处罚。

5. 不按照批准的用地位置和范围占用土地的

不按照批准的用地位置和范围占用土地的,按照《中华人民共和国土地管理法》第七十六条,《中华人民共和国土地管理法实施条例》第四十二条的规定,将受到责令退还非法占用的土地;限期拆除地上新建的建筑物和其他设施;没收地上新建的建筑物和其他设施;罚款的行政处罚。

6. 在土地利用总体规划确定的禁止开垦区内从事土地开发活动,逾期不改正的

在土地利用总体规划确定的禁止开垦区内从事土地开发活动,逾期不改正的,根据《中华人民共和国土地管理法实施条例》第三十四条,《中华人民共和国土地管理法》第七十六条的规定,将受到责令限期退还土地;限期拆除,恢复土地原状;罚款的行政处罚。

7. 在临时使用的土地上修建永久性建筑物、构筑物的

在临时使用的土地上修建永久性建筑物、构筑物的,根据《中华人民共和国土地管理法实施条例》第三十五条的规定,将受到责令限期拆除的行政处罚。

在土地利用总体规划制定前已建的不符合土地利用总体规划确定用途的建筑物、构筑物重建、扩建的,根据《中华人民共和国土地管理法实施条例》第三十六条,责令限期拆除。

六、破坏耕地行为的处罚

未经批准,擅自在耕地上建窑、建坟或者擅自在耕地上建房、挖砂、采石、采矿、取土等,破坏种植条件的,根据《中华人民共和国土地管理法》第七十四条,《中华人民共和国土地管理法实施条例》第四十条的规定,将受到责令限期改正,罚款的行政处罚。

非法占用基本农田建窑、建坟、建房、挖砂、采石、采矿、取土堆放

固体废弃物或者从事其他活动破坏基本农田，毁坏种植条件的，根据《基本农田保护条例》第三十三条的规定，责令限期改正，或者处以罚款。

拒不履行土地复垦义务，经责令限期改正，逾期不改的，根据《中华人民共和国土地管理法》第七十五条，《中华人民共和国土地管理法实施条例》第四十一条的规定，给予罚款的处罚。

建设项目施工和地质勘查需要临时占用耕地的使用者，自临时用地期满之日起一年以上未恢复种植条件，根据《中华人民共和国土地管理法实施条例》第四十四条的规定，处以罚款。

因开发土地造成土地荒漠化、盐渍化的，根据《中华人民共和国土地管理法》第七十四条，《中华人民共和国土地管理法实施条例》第四十条的规定，给予罚款的处罚。

七、违反国家矿产资源管理的行政处罚

1. 未取得采矿许可证擅自采矿的，擅自进入国家规划矿区、对国民经济具有重要价值的矿区范围采矿的，擅自开采国家规定实行保护性开采的特定矿种的；单位和个人进入他人依法设立的国有矿山企业和其他矿山企业矿区范围内采矿的

根据《中华人民共和国矿产资源法》第三十九条，《中华人民共和国矿产资源法实施细则》第四十二条规定，责令停止开采；没收采出的矿产品和违法所得；罚款。

2. 超越批准的矿区范围采矿的

根据《中华人民共和国矿产资源法》第四十条，《中华人民共和国矿产资源法实施细则》第四十二条规定，责令退回本矿区范围内开采，没收越界开采的矿产品和违法所得，罚款。

3. 超越批准的矿区范围采矿，拒不退回本矿区范围内开采，造成矿产资源破坏的

根据《中华人民共和国矿产资源法》第四十条，《中华人民共和国矿产资源法实施细则》第四十二条规定，吊销采矿许可证。

4. 买卖、出租或者以其他形式转让矿产资源的

根据《中华人民共和国矿产资源法》第四十二条，《中华人民共和国矿产资源法实施细则》第四十二条规定，没收违法所得，或者处以罚款。

5. 非法倒卖探矿权、采矿权牟利的

根据《中华人民共和国矿产资源法》第四十二条，《中华人民共和国矿产资源法实施细则》第四十二条规定，吊销勘查许可证、采矿许可证，没收违法所得，罚款。

6. 采取破坏性的开采方法开采矿产资源的

根据《中华人民共和国矿产资源法》第四十四条，《中华人民共和国矿产资源法实施细则》第四十二条规定，给予罚款；吊销采矿许可证的行政处罚。

7. 采矿权人不依法提交年度报告；拒绝接受监督检查或者弄虚作假的

根据《矿产资源开采登记管理办法》第十八条规定，给予警告，罚款；吊销采矿许可证的处罚。

8. 采矿权人不按规定填报矿产资源统计基础表，虚报、瞒报、拒报、迟报矿产资源统计资料，拒绝接受检查、现场抽查或者弄虚作假的

根据《矿产资源开采登记管理办法》第十八条，《矿产资料登记统计管理办法》第二十一条，《矿产资源补偿费征收管理规定》第十六条规定，给予警告，罚款；吊销采矿许可证的处罚。

9. 破坏或者擅自移动矿区范围界桩或者地面标志的

依据《矿产资源开采登记管理办法》第十九条规定，处以罚款的行政处罚。

10. 擅自印制或者伪造、冒用采矿许可证的

根据《矿产资源开采登记管理办法》第二十条规定，没收违法所得，或者处以罚款。

11. 不按期缴纳采矿权使用费、价款，责令限期缴纳，逾期仍不缴纳的

依据：《矿产资源开采登记管理办法》第二十一条规定，吊锖采矿许可证。

12. 不办理采矿许可证变更登记或者注销登记手续，经责令限期改正，逾期不改正的

根据《矿产资源开采登记管理办法》第二十二条规定，吊销采矿许可证。

13. 采矿权人被吊销采矿许可证的

根据《矿产资源开采登记管理办法》第二十四条规定，两年内不得申请采矿权。

14. 未取得勘查许可证擅自进行勘查工作的，超越批准的勘查区块范

围进行勘查工作的

依据《矿产资源勘查区块登记管理办法》第二十六条规定，处以警告，罚款的行政处罚。

15. 未经批准，擅自进行滚动勘探开发、边探边采或者试采的

依据《矿产资源勘查区块登记管理办法》第二十七条规定，给予警告，没收违法所得；罚款的处罚。

16. 擅自印制或者伪造、冒用勘查许可证的

依据《矿产资源勘查区块登记管理办法》第二十八条规定，没收违法所得，或者处以罚款。

17. 不按规定备案、报告有关情况，拒绝接受监督检查或者弄虚作假；未完成最低勘查投入；已经领取勘查许可证的勘查项目，满六个月未开始施工，或者施工后无故停止勘查工作满六个月，经责令限期改正，逾期不改正的

依据《矿产资源勘查区块登记管理办法》第二十九条规定，给予罚款；吊销勘查许可证。

18、不办理勘查许可证变更登记或者注销登记手续，经责令限期改正，逾期不改正的

依据《矿产资源勘查区块登记管理办法》第三十条规定，吊销勘查许可证。

19、不按期缴纳探矿权使用费、价款，责令限期缴纳，逾期仍不缴纳的

依据《矿产资源勘查区块登记管理办法》第三十一条规定，吊销勘查许可证。

探矿权人被吊销勘查许可证的，依据《矿产资源勘查区块登记管理办法》第三十三条规定，六个月内不得再申请探矿权。

20. 未经审批管理机关批准，擅自转让探矿权、采矿权

依据《探矿权采矿权转让管理办法》第十四条规定，没收违法所得，罚款；吊销勘查许可证、采矿许可证。

21. 以承包等方式擅自将采矿权转给他人进行采矿的

依据《探矿权采矿权转让管理办法》第十五条规定，没收违法所得，罚款；吊销采矿许可证。

22. 造成资源损失的

因开采设计、采掘计划的决策错误，造成资源损失的；开采回采率、

采矿贫化率和选矿回收率长期达不到设计要求，造成资源破坏损失的；矿山的开拓、采准及采矿工程未按照开采设计进行施工或者未建立严格的施工验收制度，造成资源破坏损失的；矿山企业未按照设计进行开采，任意丢掉矿体，造成资源破坏损失的；在采、选主要矿产的同时，对具有工业价值的共生、伴生矿产未进行合理综合回收或者对暂时不能综合回收利用的矿产未采取有效的保护措施，造成资源破坏损失的；矿山企业对矿产储量的圈定开采，未以批准或者批准变动的计算矿产储量的工业指标为依据，造成资源破坏损失的；地下开采的中段（水平）或露天采矿场内没有未采完的保有矿产储量，未经地质测量机构检查验收和报销申请尚未批准之前，擅自废除坑道和其他工程，造成资源破坏损失，根据《矿产资源监察管理暂行办法》第二十三条规定，给予罚款；责令停产整顿；吊销采矿许可证的行政处罚。

23. 采矿权人未按规定缴纳矿产资源补偿费和滞纳金的

依据《矿产资源补偿费征收管理规定》第十四条规定，给予罚款；吊销采矿许可证。

24. 采矿权人采取伪报矿种，隐匿产量、销售数量，或者伪报销售价格、实际开采回采率等手段，不缴或者少缴矿产资源补偿费的

依据《矿产资源补偿费征收管理规定》第十五条规定，给予吊销采矿许可证。

25. 采矿权人在缴纳矿产资源补偿费时，未报送已采出的矿产品的矿种、产量、销售数量、销售价格和实际回采率等资料，征收机关责令限期报送，逾期不报送的

依据《矿产资源补偿费征收管理规定》第十六条规定，给予罚款；吊销采矿许可证。

第四节　国土资源违法行为行政处罚时限

土地管理部门查处土地违法案件，应自立案之日起六十日内作出处理决定。重大、复杂的案件，经上一级土地管理部门批准，可以适当延期，但延长的期限不得超过九十天。

第七章

石油企业涉及的环境行政处罚问题

石油企业在生产经营过程中，违反环境保护法律、法规或者规章规定，应当给予环境行政处罚的，应当依照《中华人民共和国行政处罚法》和本办法规定的程序实施。

第一节　环境行政处罚的原则

一、罚教结合原则

实施环境行政处罚，坚持教育与处罚相结合，服务与管理相结合，引导和教育公民、法人或者其他组织自觉守法。

二、维护合法权益原则

实施环境行政处罚，应当依法维护公民、法人及其他组织的合法权益，保守相对人的有关技术秘密和商业秘密。

三、查处分离原则

实施环境行政处罚，实行调查取证与决定处罚分开、决定罚款与收缴罚款分离的规定。

第二节　自由裁量权的规范

行使行政处罚自由裁量权必须符合立法目的，并综合考虑以下情节：

一是违法行为所造成的环境污染、生态破坏程度及社会影响；

二是当事人的过错程度；

三是违法行为的具体方式或者手段；

四是违法行为危害的具体对象；

五是当事人是初犯还是再犯；

六是当事人改正违法行为的态度和所采取的改正措施及效果。

同类违法行为的情节相同或者相似、社会危害程度相当的，行政处罚种类和幅度应当相当。

第三节 不予处罚情形及回避情形

一、不予处罚情形

违法行为轻微并及时纠正，没有造成危害后果的，不予行政处罚。

二、回避情形

有下列情形之一的，案件承办人员应当回避：

（一）本案当事人或者当事人近亲属的；

（二）本人或者近亲属与本案有直接利害关系的；

（三）法律、法规或者规章规定的其他回避情形。

符合回避条件的，案件承办人员应当自行回避，当事人也有权申请其回避。

第四节 法条适用规则

当事人的一个违法行为同时违反两个以上环境法律、法规或者规章条款，应当适用效力等级较高的法律、法规或者规章；效力等级相同的，可以适用处罚较重的条款。

第五节 处罚种类

根据法律、行政法规和部门规章，环境行政处罚的种类主要有：

警告；罚款；责令停产整顿；责令停产、停业、关闭；暂扣、吊销许可证或者其他具有许可性质的证件；没收违法所得、没收非法财物；行政拘留；法律、行政法规设定的其他行政处罚种类。

第六节 责令改正与连续违法认定

一、责令改正

环境保护主管部门实施行政处罚时，应当及时作出责令当事人改正或者限期改正违法行为的行政命令。

二、连续违法认定

责令改正期限届满，当事人未按要求改正，违法行为仍处于继续或者连续状态的，可以认定为新的环境违法行为。

三、责令改正形式

根据环境保护法律、行政法规和部门规章，责令改正或者限期改正违法行为的行政命令的具体形式有：

（一）责令停止建设；

（二）责令停止试生产；

（三）责令停止生产或者使用；

（四）责令限期建设配套设施；

（五）责令重新安装使用；

（六）责令限期拆除；

（七）责令停止违法行为；

（八）责令限期治理；

（九）法律、法规或者规章设定的责令改正或者限期改正违法行为的行政命令的其他具体形式。

根据最高人民法院关于行政行为种类和规范行政案件案由的规定，行政命令不属行政处罚。行政命令不适用行政处罚程序的规定。

四、处罚不免除缴纳排污费义务

实施环境行政处罚，不免除当事人依法缴纳排污费的义务。

第七节 实施处罚的主体及权限

一、处罚主体

县级以上环境保护主管部门在法定职权范围内实施环境行政处罚。

经法律、行政法规、地方性法规授权的环境监察机构在授权范围内实施环境行政处罚，适用环境行政处罚办法关于环境保护主管部门的规定。

二、委托处罚

环境保护行政主管部门可以在其法定职权范围内委托环境监理机构实施行政处罚。受委托的环境监理机构在委托范围内，以委托其处罚的环境保护行政主管部门名义实施行政处罚。

委托处罚的环境保护行政主管部门，负责监督受委托的环境监理机构实施行政处罚的行为，并对该行为的后果承担法律责任。

三、环境行政处罚的权限

（一）县级人民政府环境保护行政主管部门可处以一万元以下的罚款，超过一万元的罚款，报上级环境保护行政主管部门批准。

（二）省辖市级人民政府环境保护行政主管部门可处以五万元以下罚款，超过五万元的罚款，报上一级环境保护行政主管部门批准。

（三）省、自治区、直辖市人民政府环境保护行政主管部门可处以十二万元以下罚款。

国家环境保护总局实施罚款处罚的权限，适用环境保护法律、行政法规的规定。

第八节 管辖

一、外部移送

发现不属于环境保护主管部门管辖的案件，应当按照有关要求和时限移送有管辖权的机关处理。

涉嫌违法依法应当由人民政府实施责令停产整顿、责令停业、关闭的案件，环境保护主管部门应当立案调查，并提出处理建议报本级人民政府。

涉嫌违法依法应当实施行政拘留的案件，移送公安机关。

涉嫌违反党纪、政纪的案件，移送纪检、监察部门。

涉嫌犯罪的案件，按照《行政执法机关移送涉嫌犯罪案件的规定》等有关规定移送司法机关，不得以行政处罚代替刑事处罚。

二、案件管辖

县级以上环境保护主管部门管辖本行政区域的环境行政处罚案件。

造成跨行政区域污染的行政处罚案件，由污染行为发生地环境保护主管部门管辖。

三、优先管辖

两个以上环境保护主管部门都有管辖权的环境行政处罚案件，由最先发现或者最先接到举报的环境保护主管部门管辖。

四、管辖争议解决

对行政处罚案件的管辖权发生争议时，争议双方应报请共同的上一级环境保护主管部门指定管辖。

五、指定管辖

下级环境保护主管部门认为其管辖的案件重大、疑难或者实施处罚有困难的，可以报请上一级环境保护主管部门指定管辖。

上一级环境保护主管部门认为下级环境保护主管部门实施处罚确有困难或者不能独立行使处罚权的，经通知下级环境保护主管部门和当事人，可以对下级环境保护主管部门管辖的案件指定管辖。

上级环境保护主管部门可以将其管辖的案件交由有管辖权的下级环境保护主管部门实施行政处罚。

六、内部移送

不属于本机关管辖的案件，应当移送有管辖权的环境保护主管部门处理。

受移送的环境保护主管部门对管辖权有异议的，应当报请共同上级环境保护主管部门指定管辖，不得再自行移送。

第九节　立案程序

一、立案条件

环境保护主管部门对涉嫌违反环境保护法律、法规和规章的违法行为，应当进行初步审查，并在七个工作日内决定是否立案。

经审查，符合下列四项条件的，予以立案：

（一）有涉嫌违反环境保护法律、法规和规章的行为；

（二）依法应当或者可以给予行政处罚；

（三）属于本机关管辖；

（四）违法行为发生之日起到被发现之日止未超过二年，法律另有规定的除外。违法行为处于连续或继续状态的，从行为终了之日起计算。

二、撤销立案

对已经立案的案件，根据新情况发现不符合第二十二条立案条件的，应当撤销立案。

三、紧急案件的先行调查取证

对需要立即查处的环境违法行为，可以先行调查取证，并在七个工作日内决定是否立案和补办立案手续。

四、立案审查后的案件移送

经立案审查，属于环境保护主管部门管辖，但不属于本机关管辖范围的，应当移送有管辖权的环境保护主管部门；属于其他有关部门管辖范围的，应当移送其他有关部门。

第十节 调查取证

一、专人负责调查取证

环境保护主管部门对登记立案的环境违法行为，应当指定专人负责，及时组织调查取证。

二、协助调查取证

需要委托其他环境保护主管部门协助调查取证的，应当出具书面委托调查函。

受委托的环境保护主管部门应当予以协助。无法协助的，应当及时将无法协助的情况和原因函告委托机关。

三、调查取证出示证件

调查取证时，调查人员不得少于两人，并应当出示中国环境监察证或者其他行政执法证件。

四、调查人员职权

调查人员有权采取下列措施：

（一）进入有关场所进行检查、勘察、取样、录音、拍照、录像；

（二）询问当事人及有关人员，要求其说明相关事项和提供有关材料；

（三）查阅、复制生产记录、排污记录和其他有关材料。

环境保护主管部门组织的环境监测等技术人员随同调查人员进行调查时，有权采取上述措施和进行监测、试验。

五、调查人员责任

调查人员负有下列责任：

（一）对当事人的基本情况、违法事实、危害后果、违法情节等情况进行全面、客观、及时、公正的调查；

（二）依法收集与案件有关的证据，不得以暴力、威胁、引诱、欺骗以及其他违法手段获取证据；

（三）询问当事人、证人或者其他有关人员，应当告知其依法享有的

权利;

(四) 对当事人、证人或者其他有关人员的陈述如实记录。

六、当事人配合调查

当事人及有关人员应当配合调查、检查或者现场勘验，如实回答询问，不得拒绝、阻碍、隐瞒或者提供虚假情况。

第十一节 证据类别

环境行政处罚证据，主要有书证、物证、证人证言、视听资料和计算机数据、当事人陈述、监测报告和其他鉴定结论、现场检查（勘察）笔录等形式。

证据应当符合法律、法规、规章和最高人民法院有关行政执法和行政诉讼证据的规定，并经查证属实才能作为认定事实的依据。

一、现场检查笔录

对有关物品或者场所进行检查时，应当制作现场检查（勘察）笔录，可以采取拍照、录像或者其他方式记录现场情况。

二、现场检查取样

需要取样的，应当制作取样记录或者将取样过程记入现场检查（勘察）笔录，可以采取拍照、录像或者其他方式记录取样情况。

三、监测报告要求

环境保护主管部门组织监测的，应当提出明确具体的监测任务，并要求提交监测报告。

监测报告必须载明下列事项：

(一) 监测机构的全称；

(二) 监测机构的国家计量认证标志（CMA）和监测字号；

(三) 监测项目的名称、委托单位、监测时间、监测点位、监测方法、检测仪器、检测分析结果等内容；

(四) 监测报告的编制、审核、签发等人员的签名和监测机构的盖章。

四、在线监测数据可为证据

环境保护主管部门可以利用在线监控或者其他技术监控手段收集违法行为证据。经环境保护主管部门认定的有效性数据，可以作为认定违法事实的证据。

五、现场监测数据可为证据

环境保护主管部门在对排污单位进行监督检查时，可以现场即时采样，监测结果可以作为判定污染物排放是否超标的证据。

六、证据的登记保存

在证据可能灭失或者以后难以取得的情况下，经本机关负责人批准，调查人员可以采取先行登记保存措施。

情况紧急的，调查人员可以先采取登记保存措施，再报请机关负责人批准。

先行登记保存有关证据，应当当场清点，开具清单，由当事人和调查人员签名或者盖章。

先行登记保存期间，不得损毁、销毁或者转移证据。

七、登记保存措施与解除

对于先行登记保存的证据，应当在七个工作日内采取以下措施：

（一）根据情况及时采取记录、复制、拍照、录像等证据保全措施；

（二）需要鉴定的，送交鉴定；

（三）根据有关法律、法规规定可以查封、暂扣的，决定查封、暂扣；

（四）违法事实不成立，或者违法事实成立但依法不应当查封、暂扣或者没收的，决定解除先行登记保存措施。

超过七个工作日未作出处理决定的，先行登记保存措施自动解除。

第十二节 依法实施查封暂扣

实施查封、暂扣等行政强制措施，应当有法律、法规的明确规定，并应当告知当事人有申请行政复议和提起行政诉讼的权利。

一、查封暂扣实施要求

查封、暂扣当事人的财物，应当当场清点，开具清单，由调查人员和当事人签名或者盖章。

查封、暂扣的财物应当妥善保管，严禁动用、调换、损毁或者变卖。

二、查封暂扣解除

经查明与违法行为无关或者不再需要采取查封、暂扣措施的，应当解除查封、暂扣措施，将查封、暂扣的财物如数返还当事人，并由调查人员和当事人在财物清单上签名或者盖章。

第十三节 当事人与现场调查取证

环境保护主管部门调查取证时，当事人应当到场。

一、不影响调查取证进行的情形

（一）当事人拒不到场的；

（二）无法找到当事人的；

（三）当事人拒绝签名、盖章或者以其他方式确认的；

（四）暗查或者其他方式调查的；

（五）当事人未到场的其他情形。

二、调查终结

有下列情形之一的，可以终结调查：

（一）违法事实清楚、法律手续完备、证据充分的；

（二）违法事实不成立的；

（三）作为当事人的自然人死亡的；

（四）作为当事人的法人或者其他组织终止，无法人或者其他组织承受其权利义务，又无其他关系人可以追查的；

（五）发现不属于本机关管辖的；

（六）其他依法应当终结调查的情形。

三、案件移送审查

终结调查的，案件调查机构应当提出已查明违法行为的事实和证据、初步处理意见，按照查处分离的原则送本机关处罚案件审查部门审查。

第十四节 案件审查

一、案件审查的内容

案件审查的主要内容包括：

（一）本机关是否有管辖权；

（二）违法事实是否清楚；

（三）证据是否确凿；

（四）调查取证是否符合法定程序；

（五）是否超过行政处罚追诉时效；

（六）适用依据和初步处理意见是否合法、适当。

二、补充或重新调查取证

违法事实不清、证据不充分或者调查程序违法的，应当退回补充调查取证或者重新调查取证。

第十五节 处罚告知和当事人申辩

一、处罚告知

在作出行政处罚决定前，应当告知当事人有关事实、理由、依据和当事人依法享有的陈述、申辩权利。

在作出暂扣或吊销许可证、较大数额的罚款和没收等重大行政处罚决定之前，应当告知当事人有要求举行听证的权利。

二、当事人申辩的处理

环境保护主管部门应当对当事人提出的事实、理由和证据进行复核。当事人提出的事实、理由或者证据成立的，应当予以采纳。

不得因当事人的申辩而加重处罚。

第十六节 处罚听证的执行

一、举行听证的条件

依照环境保护法律、法规、规章作出责令停止生产或使用、吊销许可证或者较大数额罚款等重大行政处罚决定之前，应当适用环境行政处罚办法规定的听证程序。

二、听证告知书的内容

环境保护行政主管部门对于适用听证程序的行政处罚案件，在行政处罚前，应当向当事人送达听证告知书。

听证告知书应当载明下列事项：

（一）当事人的姓名或者名称；

（二）已查明的环境违法事实、处罚理由和依据；

（三）环境保护行政主管部门拟作出的行政处罚决定；

（四）告知当事人有申请听证的权利；

（五）告知申请听证的期限和听证组织机关。

三、听证告知书的送达

听证告知书可以直接送达、委托送达或者以邮寄挂号信方式送达。

四、当事人要求听证的规定

当事人要求听证的，可以在听证告知书的送达回执上注明听证要求，或者在三日内以书面形式提出听证申请。

当事人申请听证的，环境保护行政主管部门应当受理，并在收到当事人听证申请的五日内，确定主持人，决定听证的时间和地点。在听证举行的七日前，将听证通知书送达当事人，并由当事人在送达回执上签字。

五、听证通知书事项

听证通知书应当载明下列事项：

（一）当事人的姓名或者名称；

（二）举行听证的时间、地点和方式；

（三）听证主持人、案件调查人员的姓名；

（四）告知当事人有权申请听证主持人回避；

（五）告知当事人预先准备证据、通知证人等事项。

六、听证主持人

听证主持人由环境保护行政主管部门的法制工作机构的非本案调查人员担任。

七、听证中当事人权利

当事人有权申请听证主持人回避，并说明理由。其回避申请由主持人报本部门负责人决定是否接受，并告知理由。

八、听证回避

当事人申请听证主持人回避，应当在收到听证通知书之日起三日内提出。

九、听证参加人

听证由当事人、调查人员、证人以及与本案处理结果有直接利害关系的第三人参加。

当事人可以委托一至二人代理参加听证。听证代理人应当向组织听证的环境保护行政主管部门提交委托人的授权委托书。

十、听证程序

听证应当按下列程序进行：

（一）主持人宣布听证会场纪律，告知当事人的权利和义务，询问并核实听证参加人的身份，宣布听证开始；

（二）听证笔录人员宣布听证案件的案由、听证主持人的姓名和工作单位及职务；

（三）调查人员提出当事人违法的事实、证据、处罚依据以及行政处罚建议；

（四）当事人就案件的事实进行陈述和申辩，提出有关证据，对调查人员提出的证据进行质证；

（五）调查人员和当事人双方辩论；

（六）听取当事人的最后陈述；

（七）主持人宣布听证结束。

在听证过程中，主持人可以向调查人员、当事人、证人或者第三人发问，有关人员应当如实回答。

组织听证的环境保护主管部门，对听证必须安排笔录。

听证结束后，听证笔录应交当事人审核无误后签字或者盖章。

听证终结后，主持人应及时将听证结果报告本部门负责人。环境保护行政主管部门应根据环境保护违法行为处罚办法第二十七条的规定作出处理决定。

第十七节 处理决定

一、处罚决定

环境行政主管部门经过审查，分别作出如下处理：

（一）违法事实成立，依法应当给予行政处罚的，根据其情节轻重及具体情况，作出行政处罚决定；

（二）违法行为轻微，依法可以不予行政处罚的，不予行政处罚；

（三）符合本办法第十六条情形之一的，移送有权机关处理。

二、重大案件集体审议

案情复杂或者对重大违法行为给予较重的行政处罚，环境保护主管部门负责人应当集体审议决定。集体审议过程应当予以记录。

三、处罚决定书的制作

决定给予行政处罚的，应当制作行政处罚决定书。

对同一当事人的两个或者两个以上环境违法行为，可以分别制作行政处罚决定书，也可列入同一行政处罚决定书。

四、处罚决定书的内容

行政处罚决定书应当载明以下内容：

（一）当事人的基本情况，包括当事人姓名或者名称、组织机构代码、营业执照号码、地址等；

（二）违反法律、法规或者规章的事实和证据；

（三）行政处罚的种类、依据和理由；

（四）行政处罚的履行方式和期限；

（五）不服行政处罚决定，申请行政复议或者提起行政诉讼的途径和期限；

（六）作出行政处罚决定的环境保护主管部门名称和作出决定的日期，并且加盖作出行政处罚决定环境保护主管部门的印章。

五、作出处罚决定的时限

环境保护行政处罚案件应当自立案之日起的三个月内作出处理决定。案件办理过程中听证、公告、监测、鉴定、送达等时间不计入期限。

六、处罚决定的送达

行政处罚决定书应当送达当事人，并根据需要抄送与案件有关的单位和个人。

送达方式:送达行政处罚文书可以采取直接送达、留置送达、委托送达、邮寄送达、转交送达、公告送达、公证送达或者其他方式。

送达行政处罚文书应当使用送达回证并存档。

第十八节 简易程序

一、简易程序的适用

违法事实确凿、情节轻微并有法定依据，对公民处以五十元以下、对法人或者其他组织处以壹仟元以下罚款或者警告的行政处罚，可以适用本章简易程序，当场作出行政处罚决定。

二、简易程序规定

当场作出行政处罚决定时，环境执法人员不得少于两人，并应遵守下列简易程序：

（一）执法人员应向当事人出示中国环境监察证或者其他行政执法证件；

（二）现场查清当事人的违法事实，并依法取证；

（三）向当事人说明违法的事实、行政处罚的理由和依据、拟给予的行政处罚，告知陈述、申辩权利；

（四）听取当事人的陈述和申辩；

（五）填写预定格式、编有号码、盖有环境保护主管部门印章的行政处罚决定书，由执法人员签名或者盖章，并将行政处罚决定书当场交付当事人；

（六）告知当事人如对当场作出的行政处罚决定不服，可以依法申请行政复议或者提起行政诉讼。

以上过程应当制作笔录。

执法人员当场作出的行政处罚决定，应当在决定之日起三个工作日内报所属环境保护主管部门备案。

第十九节 执行

一、处罚决定的履行

当事人应当在行政处罚决定书确定的期限内，履行处罚决定。

申请行政复议或者提起行政诉讼的，不停止行政处罚决定的执行。

二、强制执行的适用

当事人逾期不申请行政复议、不提起行政诉讼、又不履行处罚决定的，由作出处罚决定的环境保护主管部门申请人民法院强制执行。

三、强制执行的期限

申请人民法院强制执行应当符合《最高人民法院关于执行〈中华人民共和国行政诉讼法〉若干问题的解释》的规定，并在下列期限内提起：

（一）行政处罚决定书送达后当事人未申请行政复议且未提起行政诉讼的，在处罚决定书送达之日起六十日后起算的一百八十日内；

（二）复议决定书送达后当事人未提起行政诉讼的，在复议决定书送达之日起十五日后起算的一百八十日内；

（三）第一审行政判决后当事人未提出上诉的，在判决书送达之日起十五日后起算的一百八十日内；

（四）第一审行政裁定后当事人未提出上诉的，在裁定书送达之日起十日后起算的一百八十日内；

（五）第二审行政判决书送达之日起一百八十日内。

四、被处罚企业资产重组后的执行

当事人实施违法行为，受到处以罚款、没收违法所得或者没收非法财物等处罚后，发生企业分立、合并或者其他资产重组等情形，由承受当事人权利义务的法人、其他组织作为被执行人。

五、延期或者分期缴纳罚款

确有经济困难，需要延期或者分期缴纳罚款的，当事人应当在行政处罚决定书确定的缴纳期限届满前，向作出行政处罚决定的环境保护主管部

门提出延期或者分期缴纳的书面申请。

批准当事人延期或者分期缴纳罚款的，应当制作同意延期（分期）缴纳罚款通知书，并送达当事人和收缴罚款的机构。延期或者分期缴纳的最后一期缴纳时间不得晚于申请人民法院强制执行的最后期限。

六、没收物品的处理

依法没收的非法财物，应当按照国家规定处理。

销毁物品，应当按照国家有关规定处理；没有规定的，经环境保护主管部门负责人批准，由两名以上环境执法人员监督销毁，并制作销毁记录。

处理物品应当制作清单。

七、罚没款上缴国库

罚没款及没收物品的变价款，应当全部上缴国库，任何单位和个人不得截留、私分或者变相私分。

第二十节　监督

一、信息公开

除涉及国家机密、技术秘密、商业秘密和个人隐私外，行政处罚决定应当向社会公开。

二、监督检查

上级环境保护主管部门负责对下级环境保护主管部门的行政处罚工作情况进行监督检查。

三、处罚备案

环境保护主管部门应当建立行政处罚备案制度。

下级环境保护主管部门对上级环境保护主管部门督办的处罚案件，应当在结案后 20 日内向上一级环境保护主管部门备案。

四、纠正、撤销或变更

环境保护主管部门通过接受当事人的申诉和检举，或者通过备案审查等途径，发现下级环境保护主管部门的行政处罚决定违法或者显失公正的，应当督促其纠正。

环境保护主管部门经过行政复议，发现下级环境保护主管部门作出的行政处罚违法或者显失公正的，依法撤销或者变更。

第二十一节 违法所得的认定

当事人违法所获得的全部收入扣除当事人直接用于经营活动的合理支出，为违法所得。

法律、法规或者规章对"违法所得"的认定另有规定的，从其规定。

第二十二节 较大数额罚款的界定

环境行政处罚办法第四十八条所称"较大数额"罚款和没收，对公民是指人民币（或者等值物品价值）五千元以上、对法人或者其他组织是指人民币（或者等值物品价值）五万元以上。

地方性法规、地方政府规章对"较大数额"罚款和没收的限额另有规定的，从其规定。

第八章

石油企业安全生产中的行政法律责任

随着国家对安全生产的高度重视，国家安全生产法律体系日趋完善，国家及地方政府对安全生产执法力度的加大，社会公众及媒体对安全生产关注度的日益提高，企业受到安全生产法律法规的约束日趋严格，企业承担的安全生产法律责任呈现立体化、多元化特点。

第一节 安全生产的责任主体

一、生产经营单位

生产经营单位必须遵守本法和其他有关安全生产的法律、法规，加强安全生产管理，建立、健全安全生产责任制度，完善安全生产条件，确保安全生产。

二、生产经营单位的主要负责人

生产经营单位的主要负责人对本单位的安全生产工作全面负责。

第二节 安全生产制度

一、生产安全事故责任追究制度

国家实行生产安全事故责任追究制度，依照安全生产法和有关法律、法规的规定，追究生产安全事故责任人员的法律责任。

二、生产经营单位的安全生产条件

生产经营单位应当具备本法和有关法律、行政法规和国家标准或者行业标准规定的安全生产条件；不具备安全生产条件的，不得从事生产经营活动。

三、生产经营单位主要负责人的安全生产职责

生产经营单位的主要负责人，对本单位安全生产工作负有下列职责：

建立、健全本单位安全生产责任制；

组织制定本单位安全生产规章制度和操作规程；

保证本单位安全生产投入的有效实施；

督促、检查本单位的安全生产工作，及时消除生产安全事故隐患；

组织制定并实施本单位生产安全事故应急救援预案；

及时、如实报告生产安全事故。

四、安全生产资金投入

生产经营单位应当具备的安全生产条件所必需的资金投入，由生产经营单位的决策机构、主要负责人或者个人经营的投资人予以保证，并对由于安全生产所必需的资金投入不足导致的后果承担责任。

五、安全管理人员的配备

矿山、建筑施工单位和危险物品的生产、经营、储存单位，应当设置安全生产管理机构或者配备专职安全生产管理人员。

从业人员超过三百人的其他生产经营单位，应当设置安全生产管理机构或者配备专职安全生产管理人员；从业人员在三百人以下的，应当配备专职或者兼职的安全生产管理人员，或者委托具有国家规定的相关专业技术资格的工程技术人员提供安全生产管理服务。

生产经营单位委托工程技术人员提供安全生产管理服务的，保证安全生产的责任仍由本单位负责。

六、安全教育培训

生产经营单位应当对从业人员进行安全生产教育和培训，保证从业人员具备必要的安全生产知识，熟悉有关的安全生产规章制度和安全操作规程，掌握本岗位安全操作技能。未经安全生产教育和培训合格的从业人员，不得上岗作业。

生产经营单位应当教育和督促从业人员严格执行本单位的安全生产规章制度和安全操作规程；并向从业人员如实告知作业场所和工作岗位存在的危险因素、防范措施以及事故应急措施。

七、劳动保护责任

生产经营单位必须为从业人员提供符合国家标准或者行业标准的劳动防护用品，并监督、教育从业人员按照使用规则佩戴、使用。

八、安全生产检查职责

生产经营单位的安全生产管理人员应当根据本单位的生产经营特点，对安全生产状况进行经常性检查；对检查中发现的安全问题，应当立即处理；不能处理的，应当及时报告本单位有关负责人。检查及处理情况应当记录在案。生产经营单位应当安排用于配备劳动防护用品、进行安全生产培训的经费。

九、工程分包的法律规定

生产经营单位不得将生产经营项目、场所、设备发包或出租给不具备安全生产条件或者相应资质的单位或者个人。

因生产安全事故受到损害的从业人员，除依法享有工伤社会保险外，依照有关民事法律尚有获得赔偿的权利的，有权向本单位提出赔偿要求。

十、安全生产的行政执法检查

县级以上地方各级人民政府应当根据本行政区域内的安全生产状况，组织有关部门按照职责分工，对本行政区域内容易发生重大生产安全事故的生产经营单位进行严格检查；发现事故隐患，应当及时处理。

第三节 安全生产法律责任

一、未履行安全生产资金投入的法律责任

生产经营单位的决策机构、主要负责人、个人经营的投资人不依照安全生产法规定保证安全生产所必需的资金投入，致使生产经营单位不具备安全生产条件的，责令限期改正，提供必需的资金；逾期未改正的，责令生产经营单位停产停业整顿。

有前款违法行为，导致发生生产安全事故，构成犯罪的，依照刑法有关规定追究刑事责任；尚不够刑事处罚的，对生产经营单位的主要负责人给予撤职处分，对个人经营的投资人处二万元以上二十万元以下的罚款。

二、未履行安全管理职责的法律责任

生产经营单位的主要负责人未履行安全生产法规定的安全生产管理职责的，责令限期改正；逾期未改正的，责令生产经营单位停产停业整顿。

生产经营单位的主要负责人有前款违法行为，导致发生生产安全事故，构成犯罪的，依照刑法有关规定追究刑事责任；尚不够刑事处罚的，给予撤职处分或者处二万元以上二十万元以下的罚款。

三、生产经营单位未履行安全管理职责的法律责任

生产经营单位有下列行为之一的，责令限期改正；逾期未改正的，责

令停产停业整顿，并处二万元以下的罚款：

按照规定设立安全生产管理机构或者配备安全生产管理人员的；

危险物品的生产、经营、储存单位以及矿山、建筑施工单位的主要负责人和安全生产管理人员未按照规定经考核合格的；

未按照安全生产法第二十一条、第二十二条的规定对从业人员进行安全生产教育和培训，或者未按照安全生产法第三十六条的规定如实告知从业人员有关的安全生产事项的；

特种作业人员未按照规定经专门的安全作业培训并取得特种作业操作资格证书，上岗作业的。

四、对生产经营单位安全生产违法行为的处罚

生产经营单位有下列行为之一的，责令限期改正；逾期未改正的，责令停止建设或者停产停业整顿，可以并处五万元以下的罚款；造成严重后果，构成犯罪的，依照刑法有关规定追究刑事责任：

矿山建设项目或者用于生产、储存危险物品的建设项目没有安全设施设计或者安全设施设计未按照规定报经有关部门审查同意的；

矿山建设项目或者用于生产、储存危险物品的建设项目的施工单位未按照批准的安全设施设计施工的；

矿山建设项目或者用于生产、储存危险物品的建设项目竣工投入生产或者使用前，安全设施未经验收合格的；

未在有较大危险因素的生产经营场所和有关设施、设备上设置明显的安全警示标志的；

安全设备的安装、使用、检测、改造和报废不符合国家标准或者行业标准的；

未对安全设备进行经常性维护、保养和定期检测的；

未为从业人员提供符合国家标准或者行业标准劳动防护用品的；

特种设备以及危险物品的容器、运输工具未经取得专业资质的机构检测、检验合格，取得安全使用证或者安全标志，投入使用的；

使用国家明令淘汰、禁止使用的危及生产安全工艺、设备的。

五、非法转包的法律责任

生产经营单位将生产经营项目、场所、设备发包或者出租给不具备安全生产条件或者相应资质的单位或者个人的，责令限期改正，没收违法所得；违法所得五万元以上的，并处违法所得一倍以上五倍以下的罚款；没有违法所得或者违法所得不足五万元的，单处或者并处一万元以上五万元以下的罚款；导致发生生产安全事故给他人造成损害的，与承包方、承租方承担连带赔偿责任。

六、未签订安全生产合同的法律责任

生产经营单位未与承包单位、承租单位签订专门的安全生产管理协议或者未在承包合同、租赁合同中明确各自的安全生产管理职责，或者未对承包单位、承租单位的安全生产统一协调、管理的，责令限期改正；逾期未改正的，责令停产停业整顿。

七、减免自己法律责任的处罚

生产经营单位与从业人员订立协议，免除或者减轻其对从业人员因生产安全事故伤亡依法应承担的责任的，该协议无效；对生产经营单位的主要负责人、个人经营的投资人处二万元以上十万元以下的罚款。

八、生产经营单位从业人员违法安全生产的处罚

生产经营单位的从业人员不服从管理，违反安全生产规章制度或者操作规程的，由生产经营单位给予批评教育，依照有关规章制度给予处分；造成重大事故，构成犯罪的，依照刑法有关规定追究刑事责任。

九、发生事故时擅离职守或逃逸的法律责任

生产经营单位主要负责人在本单位发生重大生产安全事故时，不立即组织抢救或者在事故调查处理期间擅离职守或者逃匿的，给予降职、撤职的处分，对逃匿的处十五日以下拘留；构成犯罪的，依照刑法有关规定追究刑事责任。

第四节 安全生产许可证规定

一、安全生产许可证的适用范围

国家对矿山企业、建筑施工企业和危险化学品、烟花爆竹、民用爆破器材生产企业（以下统称企业）实行安全生产许可制度。

企业未取得安全生产许可证的，不得从事生产活动。

二、企业取得安全生产许可证的条件

建立、健全安全生产责任制，制定完备的安全生产规章制度和操作规程；

安全投入符合安全生产要求；

设置安全生产管理机构，配备专职安全生产管理人员；

主要负责人和安全生产管理人员经考核合格；

特种作业人员经有关业务主管部门考核合格，取得特种作业操作资格证书；

从业人员经安全生产教育和培训合格；

依法参加工伤保险，为从业人员缴纳保险费；

厂房、作业场所和安全设施、设备、工艺符合有关安全生产法律、法规、标准和规程的要求；

有职业危害防治措施，并为从业人员配备符合国家标准或者行业标准的劳动防护用品；

依法进行安全评价；

有重大危险源检测、评估、监控措施和应急预案；

有生产安全事故应急救援预案、应急救援组织或者应急救援人员，配备必要的应急救援器材、设备；

法律、法规规定的其他条件。

第九章

石油企业安全生产行政处罚法律问题

安全生产不仅是国家法律的要求，也是石油企业实现和谐、稳定、可持续发展的重要前提。如果石油企业在勘探开发生产中未能依照国家法律规定，认真履行安全职责，则必然存在安全生产行政处罚的法律问题。

第一节 安全生产行政处罚主体

县级以上人民政府安全生产监督管理部门对生产经营单位及其有关人员在生产经营活动中违反有关安全生产的法律、行政法规、部门规章、国家标准、行业标准和规程的违法行为（以下简称安全生产违法行为）实施行政处罚，适用本办法。

煤矿安全监察机构依照本办法和煤矿安全监察行政处罚办法，对煤矿及其有关人员的安全生产违法行为实施行政处罚。

有关法律、行政法规对行政处罚的决定机关另有规定的，依照其规定。

第二节 安全生产违法行为行政处罚原则

对安全生产违法行为实施行政处罚，遵循公正、公开的原则。

安全生产监督管理部门或者煤矿安全监察机构实施行政处罚，必须以事实为依据。行政处罚应与安全生产违法行为的事实、性质、情节以及社会危害程度相当。

第三节 安全生产行政处罚相对人的权利

生产经营单位及其有关人员对安全生产监督管理部门或者煤矿安全监察机构给予的行政处罚，享有陈述权、申辩权；对行政处罚不服的，有权依法申请行政复议或者提起行政诉讼。

生产经营单位及其有关人员因安全生产监督管理部门或者煤矿安全监察机构违法给予行政处罚受到损害的，有权依法提出赔偿要求。

第四节　安全生产违法行为行政处罚的种类

（一）警告；

（二）罚款；

（三）没收违法所得；

（四）责令改正、责令限期改正、责令停止违法行为；

（五）责令停产停业整顿、责令停产停业、责令停止建设；

（六）拘留；

（七）关闭；

（八）吊销有关证照；

（九）安全生产法律、行政法规规定的其他行政处罚。

第五节　安全生产行政处罚的权限

一、警告、罚款、没收违法所得、责令改正、责令限期改正、责令停止违法行为、责令停产停业整顿、责令停产停业、责令停止建设的行政处罚

由安全生产违法行为发生地的县级以上人民政府安全生产监督管理部门或者煤矿安全监察机构决定。

二、给予关闭的行政处罚

由县级以上人民政府安全生产监督管理部门或者煤矿安全监察机构报请县级以上人民政府按照国务院规定的权限决定。

三、给予拘留的行政处罚

由县级以上人民政府安全生产监督管理部门或者煤矿安全监察机构建议公安机关依照治安管理处罚条例的规定决定。

第六节 安全生产行政处罚的管辖

一、指定管辖

两个以上安全生产监督管理部门或者煤矿安全监察机构因行政处罚管辖权发生争议的，由其共同的上一级人民政府安全生产监督管理部门或者上一级煤矿安全监察机构指定管辖。

二、移送管辖

对报告或者举报的安全生产违法行为，安全生产监督管理部门或者煤矿安全监察机构应当受理；发现不属于自己管辖的，应当及时移送有管辖权的安全生产监督管理部门或者煤矿安全监察机构或者其他有关部门。

受移送的安全生产监督管理部门或者煤矿安全监察机构对管辖权有异议的，应当报请共同的上一级安全生产监督管理部门或者上一级煤矿安全监察机构指定管辖。

安全生产违法行为构成犯罪的，安全生产监督管理部门或者煤矿安全监察机构应当将案件移送司法机关，依法追究刑事责任。

三、级别管辖

上级安全生产监督管理部门或者煤矿安全监察机构可以直接查处下级人民政府安全生产监督管理部门或者煤矿安全监察机构管辖的案件，也可以将自己管辖的案件交由下级安全生产监督管理部门或者煤矿安全监察机构管辖。

下级安全生产监督管理部门或者煤矿安全监察机构可以将重大、疑难案件报请上级安全生产监督管理部门或者煤矿安全监察机构管辖。

上级安全生产监督管理部门或者煤矿安全监察机构有权对下级安全生产监督管理部门或者煤矿安全监察机构违法或者不适当的行政处罚予以纠正或者撤销。

第七节 安全生产行政处罚的程序

一、执法检查人员

安全生产监督检查人员（以下简称安全生产监察员）在执行公务时，必须出示国家安全生产监督管理局或者国家煤矿安全监察局统一制作的安全生产监察员或者煤矿安全监察员证件。

二、行政处罚机构

安全生产监督管理部门或者煤矿安全监察机构在作出行政处罚前，应当告知当事人作出行政处罚决定的事实、理由、依据，以及当事人依法享有的权利。

三、当事人权利

当事人有权进行陈述和申辩。安全生产监督管理部门或者煤矿安全监察机构必须充分听取当事人的陈述和申辩，对当事人提出的事实、理由和证据，应当进行复核；当事人提出的事实、理由和证据成立的，安全生产监督管理部门或者煤矿安全监察机构应当采纳。

安全生产监督管理部门或者煤矿安全监察机构不得因当事人陈述或者申辩而加重处罚。

对安全生产违法行为实施行政处罚，应当符合法定程序，制作行政执法文书。

四、安全生产行政处罚的简易程序

违法事实确凿并有法定依据，对个人处以五十元以下罚款、对生产经营单位处以一千元以下罚款或者警告的行政处罚的，安全生产监察员可以当场作出行政处罚决定。

安全生产监察员当场作出行政处罚决定的，事后应当及时报告，最迟在五日内报所属安全生产监督管理部门或者煤矿安全监察机构备案。

安全生产监察员当场作出行政处罚决定，应当填写统一制作的行政处罚决定书并当场交付当事人。

五、安全生产行政处罚的一般程序

除依照简易程序当场作出的行政处罚外，安全生产监督管理部门或者煤矿安全监察机构发现生产经营单位及其有关人员应当给予行政处罚的行为的，应当予以立案，填写统一的立案审批表，并全面、客观、公正地进行调查，收集有关证据。

进行立案调查时，安全生产监察员不得少于两人。当事人或者有关人员应当如实回答询问，并协助调查或者检查，不得拒绝、阻挠或者提供虚假情况。询问或者检查应当制作笔录。

有下列情形之一的，安全生产监察员应当回避：

（一）本人是本案的当事人或是其他当事人的近亲属的；

（二）本人或其近亲属与本案有利害关系的；

（三）与本人有其他利害关系，可能影响案件的公正处理的。

安全生产监察员的回避，由其派出进行调查的安全生产监督管理部门或者煤矿安全监察机构的负责人决定。派出进行调查的安全生产监督管理部门或者煤矿安全监察机构的负责人的回避，由该部门的负责人集体讨论决定。回避决定作出之前，具体承办案件的安全生产监察员不得擅自停止对案件的调查。

案件调查终结后，安全生产监督管理部门或者煤矿安全监察机构负责人应当及时对有关案件材料、当事人的陈述和申辩材料、听证会笔录等调查结果进行审查，根据不同情况，分别作出如下决定：

（一）确有应受行政处罚的违法行为的，根据情节轻重及具体情况，作出行政处罚决定；

（二）违法行为轻微，依法可以不予行政处罚的，不予行政处罚；

（三）违法事实不能成立的，不得给予行政处罚；

（四）违法行为已构成犯罪的，移送司法机关。

对重大违法行为给予责令停产停业整顿、责令停产停业、吊销有关证照、较大数额罚款和没收违法所得折合人民币三万元以上的行政处罚的，应由安全生产监督管理部门或者煤矿安全监察机构的负责人集体讨论决定。

安全生产监督管理部门或者煤矿安全监察机构依照本办法第二十一条的规定给予行政处罚，应当制作行政处罚决定书。行政处罚决定书应当载明下列事项：

（一）当事人的姓名或者名称、地址或者住址；

（二）违法行为的事实和证据；

（三）行政处罚的种类和依据；

（四）行政处罚的履行方式和期限；

（五）不服行政处罚决定，申请行政复议或者提起行政诉讼的途径和期限；

（六）作出行政处罚决定的安全生产监督管理部门或者煤矿安全监察机构的名称和作出决定的日期。

行政处罚决定书必须盖有作出行政处罚决定的安全生产监督管理部门或者煤矿安全监察机构的印章。

行政处罚决定书应当在宣告后当场交付当事人；当事人不在场的，安全生产监督管理部门或者煤矿安全监察机构应当在七日内依照民事诉讼法的有关规定，将行政处罚决定书送达当事人。当事人在收到行政处罚决定书后，应在行政处罚决定书送达回执上注明收到日期、签名或者盖章。

安全生产监督管理部门或者煤矿安全监察机构送达行政处罚文书，应当符合下列规定：

（一）当事人是生产经营单位的，交其收发部门签收；当事人是个人或者个体工商户的，交其本人签收。当事人拒绝签收的，送达人应当邀请有关基层组织的代表或者有关人员到场，注明情况，在行政处罚决定书送达回执上记明拒收的事由和日期，由送达人、见证人签名或者盖章，将文书留在当事人的收发部门或者住所，即视为送达。

（二）当事人不在场，交其同住的成年亲属签收，并在行政处罚决定书送达回执的备注栏内写明与当事人的关系。

（三）当事人指定代收人的，交代收人签收并注明受当事人委托的情况；

（四）直接送达有困难的，可以挂号邮寄送达，也可以委托当地安全生产监督管理部门或者煤矿安全监察机构代为送达。

（五）无法采取以上方式送达的，可以公告，自公告发布之日起经过六十日，即视为送达。

案件自立案之日起，一般应当在三十日内办理完毕；由于客观原因不

能完成的，经安全生产监督管理部门或者煤矿安全监察机构负责人同意，可以延长，但不得超过九十日；特殊情况需进一步延长的，应当经上一级安全生产监督管理部门或者煤矿安全监察机构批准，可延长至一百八十日。

六、安全生产行政处罚的听证程序

安全生产监督管理部门或者煤矿安全监察机构作出责令停产停业整顿、责令停产停业、吊销有关证照、较大数额罚款等行政处罚决定之前，应当告知当事人有要求举行听证的权利；当事人要求听证的，安全生产监督管理部门或者煤矿安全监察机构应当组织听证，不得向当事人收取听证费用。

前款所称较大数额罚款，为省、自治区、直辖市人大常委会或者人民政府规定的数额；没有规定数额的，其数额对个人罚款为一万元以上，对生产经营单位的罚款数额为三万元以上。

当事人要求听证的，应当依照本办法第十三条的规定在安全生产监督管理部门或者煤矿安全监察机构告知后三日内以书面方式提出。

当事人提出听证要求后，安全生产监督管理部门或者煤矿安全监察机构应当在举行听证会的七日前，通知当事人举行听证的时间、地点。

当事人应当按期参加听证。当事人有正当理由要求延期的，经组织听证的安全生产监督管理部门或者煤矿安全监察机构负责人批准可以延期一次；当事人未按期参加听证，并且未事先说明理由的，视为放弃听证权利。

听证参加人由听证主持人、听证员、案件调查人员、当事人及其委托代理人、书记员组成。

听证主持人、听证员、书记员应当由组织听证的安全生产监督管理部门或者煤矿安全监察机构负责人指定的法制工作机构工作人员或其他有关人员等非本案调查人员担任。

当事人可以委托一至二名代理人参加听证，并提交委托书。

除涉及国家秘密、商业秘密或个人隐私外，听证应当公开举行。

当事人在听证中的权利和义务：

（一）有权对案件涉及的事实、适用法律及有关情况进行陈述和申辩；

（二）有权对案件调查人员提出的证据质证并提出新的证据；

（三）如实回答主持人的提问；

（四）遵守听证会场纪律，服从听证主持人指挥。

听证按下列程序进行：

（一）听证书记员宣布听证会场纪律、当事人的权利和义务。听证主持人宣布案由，核实听证参加人名单，宣布听证开始；

（二）案件调查人员提出当事人的违法事实、出示证据，说明拟作出的行政处罚的内容及法律依据；

（三）当事人或其委托代理人对案件的事实、证据、适用的法律等进行陈述和申辩，可以向听证会提交新的证据；

（四）听证主持人就案件的有关问题向当事人、案件调查人员、证人询问；

（五）案件调查人员、当事人或其委托代理人相互辩论；

（六）当事人或其委托代理人作最后陈述；

（七）听证主持人宣布听证结束。

听证笔录应当场交当事人审校无误后签字或者盖章。

听证结束后，听证主持人应当依据听证情况，制作听证会报告书，提出处理意见并附听证笔录报安全生产监督管理部门或者煤矿安全监察机构负责人审查。安全生产监督管理部门或者煤矿安全监察机构依照本办法第二十一条的规定作出决定。

七、安全生产行政处罚的适用

1. 处罚机构

生产经营单位及其有关人员的安全生产违法行为，由县级以上人民政府安全生产监督管理部门实施行政处罚。其中对煤矿及其有关人员的安全生产违法行为，由煤矿安全监察机构实施行政处罚。

有关法律、行政法规对行政处罚的适用另有规定的，依照其规定。

2. 生产经营单位的决策机构、主要负责人、个人经营的投资人不依照规定保证安全生产所必需的资金投入，致使生产经营单位不具备安全生产条件的

责令限期改正，提供必需的资金；逾期未改正的，责令生产经营单位停产停业整顿。

3. 个人经营的投资人有前款违法行为，导致发生生产安全事故，尚不

够刑事处罚的。

按照下列规定处以罚款：

（一）发生重伤事故或一至二人死亡事故的，处二万元以上五万元以下罚款；

（二）发生三至九人死亡事故的，处五万元以上十万元以下罚款；

（三）发生十人以上死亡事故的，处十万元以上二十万元以下罚款。

4. 生产经营单位主要负责人有下列行为之一的，责令限期改正；逾期未改正的，责令生产经营单位停产停业整顿：

（一）未建立、健全本单位安全生产责任制的；

（二）未制定本单位安全生产规章制度和操作规程的；

（三）未保证本单位安全生产投入有效实施的；

（四）未督促、检查本单位安全生产工作，及时消除生产安全事故隐患的；

（五）未组织制定并实施本单位生产安全事故应急救援预案的。

5. 生产经营单位的主要负责人有安全生产违法行为行政处罚办法规定违法行为，导致发生生产安全事故尚不够刑事处罚的给予撤职处分或者按照下列规定处以罚款：

（一）发生重伤事故或一至二人死亡事故的，处二万元以上五万元以下罚款；

（二）发生三至九人死亡事故的，处五万元以上十万元以下罚款；

（三）发生十人以上死亡事故的，处十万元以上二十万元以下罚款。

6. 生产经营单位主要负责人或者其他主管人员有下列行为之一的，给予警告，可以并处一万元以下的罚款：

（一）违章指挥工人或者强令工人违章、冒险作业的；

（二）对工人屡次违章作业熟视无睹，不加制止的；

（三）对重大事故预兆或者已发现的事故隐患不及时采取措施的；

（四）拒不执行安全生产监督管理部门或者煤矿安全监察机构及其安全生产监察员的安全监察指令的；

（五）伪造、故意破坏事故现场的；

（六）阻碍、干涉事故调查工作，拒绝接受调查取证、提供有关情况和资料的。

7. 生产经营单位有下列行为之一的，给予警告，可以并处一万元以下的罚款：

（一）拒绝、阻碍安全生产监督管理部门或者煤矿安全监察机构及其安全监察员监督检查的；

（二）提供虚假情况的；

（三）隐瞒存在的事故隐患以及其他安全问题的；

（四）拒不执行安全生产监督管理部门或者煤矿安全监察机构及其安全生产监察员的安全监察指令的；

（五）对查封或者扣押的设施、设备、器材，擅自启封或者使用的；

（六）伪造、故意破坏事故现场的；

（七）阻碍、干涉事故调查工作，拒绝接受调查取证、提供有关情况和资料的。

8. 生产经营单位有下列行为之一的，责令限期改正；逾期未改正的，责令停产停业整顿，可以并处二万元以下的罚款：

（一）未按照规定设立安全生产管理机构或者配备安全生产管理人员的；

（二）危险物品的生产、经营、储存单位以及矿山、建筑施工单位的主要负责人和安全生产管理人员未按照规定经考核合格的；

（三）未按规定对从业人员进行安全生产教育和培训的；

（四）未按照规定如实向从业人员告知作业场所和工作岗位存在的危险因素、防范措施以及事故应急措施的；

（五）特种作业人员未按照规定经专门的安全作业培训并取得特种作业操作资格证书，擅自上岗作业的。

9. 生产经营单位有下列行为之一的，责令限期改正；逾期未改正的，责令停止建设或者停产停业整顿，可以并处五万元以下的罚款：

（一）矿山建设项目或者用于生产、储存危险物品的建设项目没有安全设施设计或者安全设施设计未按照规定报经有关部门审查同意的；

（二）矿山建设项目或者用于生产、储存危险物品的建设项目的施工单位未按照批准的安全设施设计施工的；

（三）矿山建设项目或用于生产、储存危险物品的建设项目竣工投入

生产或者使用前，安全设施未经验收合格的；

（四）未在有较大危险因素的生产经营场所和有关设施、设备上设置明显的安全警示标志的；

（五）安全设备的安装、使用、检测、改造和报废不符合国家标准或者行业标准的；

（六）未对安全设备进行经常维护、保养和定期检测的；

（七）未为从业人员提供符合国家标准或者行业标准的劳动防护用品的；

（八）特种设备以及危险物品的容器、运输工具未经取得专业资质的机构检测、检验合格，取得安全使用证或者安全标志，投入使用的；

（九）使用国家明令淘汰、禁止使用的危及生产安全的工艺、设备的。

10. 生产经营单位未经依法批准，擅自生产、经营、储存危险物品的，责令停止违法行为或者予以关闭，没收违法所得，并按照下列规定处以罚款：

（一）违法所得十万元以上的，并处违法所得一倍以上五倍以下的罚款；

（二）没有违法所得或者违法所得不足十万元的，单处或者并处二万元以上十万元以下的罚款。

11. 生产经营单位有下列行为之一的，责令限期改正；逾期未改正的，责令停产停业整顿，可以并处二万元以上十万元以下的罚款：

（一）生产、经营、储存、使用危险物品，未建立专门安全管理制度、未采取可靠的安全措施或者不接受有关主管部门依法实施的监督管理的；

（二）对重大危险源未登记建档，或者未进行评估、监控，或者未制定应急预案的；

（三）进行爆破、吊装等危险作业，未安排专门管理人员进行现场安全管理的。

12. 生产经营单位将生产经营项目、场所、设备发包或者出租给不具备安全生产条件或者相应资质的单位或者个人的，责令限期改正，没收违法所得，并按照下列规定处以罚款：

（一）违法所得五万元以上的，并处违法所得一倍以上五倍以下的罚款；

（二）没有违法所得或者违法所得不足五万元的，单处或者并处一万元以上五万元以下的罚款。

13. 生产经营单位与承包单位、承租单位有下列行为之一的，责令限期改正；逾期未改正的，责令停产停业整顿：

（一）未与承包单位、承租单位签订专门的安全生产管理协议的；

（二）未在承包合同、租赁合同中明确各自的安全生产管理职责的；

（三）未对承包单位、承租单位的安全生产统一协调、管理的。

14. 两个以上生产经营单位在同一作业区域进行可能危及对方安全生产的生产经营活动，未签订安全生产管理协议或者未指定专职安全生产管理人员进行安全检查与协调的：

责令限期改正；逾期未改正的，责令停产停业。

15. 生产经营单位有下列行为之一的，责令限期改正；逾期未改正的，责令停产停业整顿：

（一）生产、经营、储存、使用危险物品的车间、商店、仓库与员工宿舍在同一座建筑内，或者与员工宿舍的距离不符合安全要求的；

（二）生产经营场所和员工宿舍未设有符合紧急疏散需要、标志明显、保持畅通的出口，或者封闭、堵塞生产经营场所或者员工宿舍出口的。

16. 危险物品的生产、经营、储存单位以及矿山企业、建筑施工单位有下列行为之一的，责令改正，可以并处一万元以下的罚款：

（一）未建立应急急救组织的；

（二）未配备必要的应急救援器材、设备，并进行经常性维护、保养，保证正常运转的。

17. 生产经营单位与从业人员订立协议，免除或者减轻其对从业人员因生产安全事故伤亡依法应承担的责任的：

该协议无效；对生产经营单位的主要负责人、个人经营的投资人处二万元以上十万元以下的罚款。

18. 生产经营单位不具备法律、行政法规和国家标准或者行业标准规定的安全生产条件，经停产停业整顿仍不具备安全生产条件的：

予以关闭；有关部门应当依法吊销其有关证照。

19. 矿山企业的机电设备、安全仪器，未按照下列规定操作、检查、维修和建立档案的，责令改正，可以并处二万元以下的罚款：

（一）未定期对机电设备及其防护装置、安全检测仪器检查、维修和

建立技术档案的；

（二）非负责设备运行人员操作设备的；

（三）非值班电气人员进行电气作业的；

（四）操作电气设备的人员，没有可靠的绝缘保护和检修电气设备带电作业的。

20. 矿山企业作业场所空气中的有毒有害物质浓度，未按照下列规定检测的，责令改正，可以并处二万元以下罚款：

（一）粉尘作业点，每月检测少于二次的；

（二）三硝基甲苯作业点，每月检测少于一次的；

（三）放射性物质作业点，每月检测少于三次的；

（四）其他有毒有害物质作业点，井下每月检测少于1次的。

21. 矿山企业井下采掘作业，未按照作业规程的规定管理顶帮；通过地质破碎带或者其他顶帮破碎地点时，未加强支护；露天采剥作业，未按照设计规定，控制采剥工作面的阶段高度、宽度、边坡角和最终边坡角；采剥作业和排土作业，对深部或者邻近井巷造成危害的：

责令改正，可以并处二万元以下的罚款

22. 矿山企业井下采掘作业遇下列情形之一，未采取探水前进的，责令改正，可以并处二万元以下的罚款：

（一）接近承压含水层或者含水的断层、流沙层、砾石层、溶洞、陷落柱的；

（二）接近与地表水体相通的地质破碎带或者接近连通承压层的未封孔的；

（三）接近积水的老窑、旧巷或者灌过泥浆的采空区的；

（四）发现有出水征兆的；

（五）掘开隔离矿柱或者岩柱放水的。

23. 开采放射性物质的矿山企业有下列行为之一的，责令改正，可以并处二万元以下的罚款：

（一）未及时封闭采空区和已经报废或者暂时不用的井巷的；

（二）用留矿法作业的采场未采用下行通风的；

（三）未严格管理井下污水的。

23、未经审查批准，危险化学品生产、储存单位擅自改建、扩建，或者危险化学品单位生产、经营、使用国家明令禁止的危险化学品或者使用剧毒化学品生产灭鼠药以及其他可能进入人民日常生活的化学产品和日用化学品的

予以关闭或者责令停产停业整顿，责令无害化销毁国家明令禁止生产、经营、使用的危险化学品或者用剧毒化学品生产的灭鼠药以及其他可能进入人民日常生活的化学产品和日用化学品；有违法所得的，没收违法所得；违法所得十万元以上的，并处违法所得一倍以上五倍以下的罚款；没有违法所得或者违法所得不足十万元的，并处五万元以上五十万元以下的罚款。

25. 危险化学品单位未根据危险化学品的种类、特性，在车间、库房等作业场所设置相应的监测、通风、防晒、调温、防火、灭火、防爆、泄压、防毒、消毒、中和、防潮、防雷、防静电、防腐、防渗漏、防护围堤或者隔离操作等安全设施、设备的

责令立即或者限期改正，并处二万元以上十万元以下的罚款。

26. 未经定点，擅自生产危险化学品包装物、容器，或者使用非定点企业生产的包装物、容器包装、盛装、运输危险化学品的

责令立即或者限期改正，并处二万元以上二十万元以下的罚款；逾期未改正的，责令停产停业整顿。

27. 危险化学品单位有下列行为之一的，责令立即或者限期改正，并处一万元以上五万元以下的罚款；逾期不改正的，责令停产停业整顿：

（一）危险化学品生产企业未在危险化学品包装内附有与危险化学品完全一致的化学品安全技术说明书，或者未在包装（包括外包装件）上加贴、拴挂与包装内危险化学品完全一致的化学品安全标签的；

（二）危险化学品生产企业发现危险化学品有新的危害特性时，不立即公告并及时修订其安全技术说明书和安全标签的；

（三）危险化学品经营企业销售没有化学品安全技术说明书和安全标签的危险化学品的。

28. 危险化学品单位有下列行为之一的，责令立即或者限期改正，并处一万元以上五万元以下的罚款；逾期不改正的，由原发证机关吊销危险

化学品生产许可证、经营许可证和营业执照：

（一）未对其生产、储存装置进行定期安全评价，并报所在地设区的市级人民政府安全监督管理部门备案，或者对安全评价中发现的存在现实危险的生产、储存装置不立即停止使用，予以更换或者修复，并采取相应的安全措施的；

（二）未在生产、储存和使用危险化学品场所设置通讯、报警装置，并保持正常适用状态的；

（三）危险化学品未储存在专用仓库内或者未设专人管理的；

（四）危险化学品出入库未进行核查登记或者入库后未定期检查的；

（五）危险化学品专用仓库不符合国家标准对安全的要求，未设置明显标志，或者未对专用仓库的储存设备和安全设施定期检测的；

（六）危险化学品经销商店存放非民用小包装的危险化学品或者危险化学品民用小包装的存放量超过国家规定限量的；

（七）剧毒化学品以及构成重大危险源的其他危险化学品未在专用仓库内单独存放，或者未实行双人收发、双人保管，或者未将储存剧毒化学品以及构成重大危险源的其他危险化学品的数量、地点以及管理人员的情况，报当地安全监督管理部门备案的；

（八）危险化学品生产单位不如实记录剧毒化学品的产量、流向、储存量和用途，或者未采取必要的安保措施防止剧毒化学品被盗、丢失、误售、误用的；

（九）危险化学品经营企业不记录剧毒化学品购买单位的名称、地址，购买人员的姓名、身份证号码及所购剧毒化学品的品名、数量、用途，或者不每天核对剧毒化学品的销售情况的。

29. 危险化学品单位在转产、停产、停业或者解散时，未采取有效措施，处置危险化学品生产、储存设备、库存产品及生产原料的：

责令改正，并处二万元以上十万元以下的罚款。

30. 承担安全评价、认证、检测、检验工作的机构，出具虚假证明，尚不够刑事处罚的：

没收违法所得，违法所得在五千元以上的，并处违法所得二倍以上五倍以下的罚款，没有违法所得或者违法所得不足五千元的，单处或者并处五千元以上二万元以下的罚款，对其直接负责的主管人员和其他直接责任人员处五千元以上五万元以下的罚款。

对有前款违法行为的机构，由原发证机构依法撤销其相应资格。

31. 合并处罚：

生产经营单位及其有关人员触犯不同的法律规定，有两个以上应当给予行政处罚的安全生产违法行为的，安全生产监督管理部门或者煤矿安全监察机构应当使用不同的法律规定，分别裁量，合并处罚。

32. 单个安全生产违法行为的处罚限制：

对生产经营单位及其有关人员的同一个安全生产违法行为，不得给予两次以上罚款的行政处罚。

33. 减轻处罚的情形：

生产经营单位及其有关人员有下列情形之一的，应当依法从轻或者减轻行政处罚：

（一）主动消除或者减轻安全生产违法行为危害后果的；

（二）受他人胁迫有安全生产违法行为的；

（三）配合安全生产监督管理部门或者煤矿安全监察机构查处安全生产违法行为有立功表现的；

（四）其他依法应予从轻或者减轻行政处罚的。

34. 不予处罚情形

安全生产违法行为轻微并及时纠正，没有造成危害后果的，不予行政处罚。

八、安全生产行政处罚的执行

1. 限期履行

行政处罚决定依法作出后，当事人应当在行政处罚规定的期限内，予以履行。

2. 行政复议或行政诉讼期间的履行

当事人对行政处罚决定不服申请行政复议或者提起行政诉讼的，行政处罚不停止执行，法律另有规定的除外。

3. 当场履行

安全生产监察员当场收缴罚款的，应当出具省、自治区、直辖市财政

部门统一制发的罚款收据。当场收缴的罚款，安全生产监察员应当自收缴罚款之日起两日内，交至其所属的安全生产监督管理部门或者煤矿安全监察机构；安全生产监督管理部门或者煤矿安全监察机构应当在两日内将罚款缴付指定的银行。

4. 逾期不履行的后果

当事人逾期不履行行政处罚决定的，作出行政处罚决定的安全生产监督管理部门或者煤矿安全监察机构可以采取下列措施：

（一）到期不缴纳罚款的，每日按罚款额百分之三加处罚款；

（二）根据法律规定，将查封、扣押的设施、设备、器材拍卖所得价款抵缴罚款；

（三）申请人民法院强制执行。

5. 申请延期或分期履行

当事人确有经济困难，需要延期或者分期缴纳罚款的，经当事人申请和安全生产监督管理部门或者煤矿安全监察机构批准，可以暂缓或者分期缴纳。

6. 查封、扣押及销毁的执行

除依法应当予以销毁的物品外，需将查封、扣押的设施、设备、器材拍卖抵缴罚款的，根据法律或者国家有关规定处理。销毁物品，按照国家有关规定处理；没有规定的，经县级以上安全生产监督管理部门或者煤矿安全监察机构负责人批准，由两名以上安全生产监察员监督销毁，并制作销毁记录。处理物品，应当制作清单。

7. 罚款和没收违法所得的执行

罚款、没收违法所得的款项，必须按照有关规定上缴，任何单位和个人不得截留、私分或者变相私分。

8. 处罚备案制度

县级人民政府安全生产监督管理部门处以五千元以上罚款、责令停产停业、停产停业整顿的行政处罚的，应当自作出行政处罚之日起七日内报市（地）级人民政府安全生产监督管理部门备案。

市（地）级人民政府安全生产监督管理部门或者煤矿安全监察办事处处以一万元以上罚款、责令停产停业、停产停业整顿的行政处罚的，应当自作出行政处罚之日起七日内报省级人民政府安全生产监督管理部门或者省级煤矿安全监察局备案。

省级人民政府安全生产监督管理部门或者省级煤矿安全监察局处以十万元以上罚款、责令停产停业、停产停业整顿的行政处罚的，应当自作出行政处罚之日起七日内报国家安全生产监督管理局或者国家煤矿安全监察局备案。

对上级安全生产监督管理部门或者煤矿安全监察机构交办案件给予行政处罚的，由决定行政处罚的安全生产监督管理部门或者煤矿安全监察机构自作出行政处罚之日起七日内报上级安全生产监督管理部门或者煤矿安全监察机构备案。

第十章

石油企业解决行政侵权
法律事务的应对之道

　　由于体制、机制和人员素质等方面的原因，地方政府行政执法部门的行政不作为或错误执法行为难以从根本上消除，因此，必然存在行政侵权的现象，石油企业要确保自身合法权益，必须了解应对之道。

第一节
提高对依法行政的认识，增强依法维权的信心

近年来，虽然石油企业受到的行政处罚呈上升趋势，却很少有用法律手段解决的，其间，原因虽然很多，但关键的一条是对国家实行依法行政的治国方略的决心和所采取的措施认识不够，了解不多，缺乏运用法律手段维护企业合法权益的信心和勇气。

事实上，从行政立法的历史过程看，我国的立法机关自始至终都把依法行政作为长期坚持的一项基本国策，贯穿在每个行政法律、法规规章的立法过程中，一方面对行政权力进行限制，另一方面对行政相对人的合法权利进行保护。1990年，《中华人民共和国行政诉讼法》颁布，正式全面建立起了我国的行政诉讼制度。同年，《行政复议条例》颁布，第一次全面建立了我国的行政复议制度。1994年，《中华人民共和国国家赔偿法》颁布，正式确立了我国的国家赔偿制度。1996年颁布的《中华人民共和国行政处罚法》，对行政机关最重要的执法手段——行政处罚从实体上和程序上进行了全面规范。1999年，《中华人民共和国行政复议法》颁布，标志着我国行政复议制度经过多年的探索、发展开始走向全面完善，国家行政机关对依法行政的认识达到了一个新的高度。

国家在依法行政方面迈出的步伐很快，所采取的有力措施，对滥用职权，违法行政的行为产生的影响深远，因此，在今后的生产经营活动中，只要石油企业提高对依法行政的认识，增强依法维护石油企业合法权益的信心，对任何行政处罚，都可根据具体情况，分别采取不同措施加以解决，既不漠然置之，又不闻之色变。

第二节
正确运用合法行政行为的三个标准,评判行政处罚的
公正、合理性,采取相应措施维护企业的合法权益

根据《中华人民共和国行政诉讼法》的规定,合法的行政行为必须具备以下三个标准:

一、证据要确凿

地方行政机关对石油企业进行行政处罚时,必须要有充分、足够的证据,若没有掌握或没有完全掌握石油企业违反有关行政法律、法规或规章的具体事实,或石油企业依法生产经营,根本就没有所谓的"违法事实或证据"存在,则无论其来势多么凶猛,我们都可在一边进行正常生产的同时,一边通过行政复议、行政诉讼驳回或拒绝行政机关的非法要求,维护企业的合法权益。

二、适用法律正确

《中华人民共和国行政诉讼法》第四条规定,"人民法院审理行政案件,以事实为依据,以法律为准绳",这就意味着,任何行政处罚,不管它的数额有多大,事实证据有多少,如果行政法律、法规或规章对该种行为本身没有规定处罚或规定了民事等其他处罚,则该行政处罚因无法律依据而无效,是一种违法的行政处罚。对此,没有必要去花钱买太平。

三、程序要合法

《中华人民共和国行政诉讼法》第五十四条第二款第三项规定,具体行政行为违反法定程序的,人民法院可以判决撤销或者部分撤销,并可以判决被告重新作出具体行政行为。这一法律规定明确了行政处罚并不可怕,也不必可怕,如果地方行政部门对石油企业的行政处罚,没有按照行政处罚法或其他单行行政法律、法规或规章规定的程序、步骤操作,如执法人员当场作出行政处罚时,没有出示执法身份证件,或其所填写的处罚决定书,没有预定的编号和格式,或当场处罚的种类是公民 50 元以上,法人或其他组织 1000 元以上罚款或警告以外的其他处罚等，都属因违反法定程序而无效的行政处罚，应当拒绝执行。

第三节
充分利用行政法律、法规或规章对行政机关权利的限制，依法维护石油企业的合法权益

《中华人民共和国行政处罚法》，作为我国行政法律、法规或规章的基本法，对行政处罚行为从实体到程序进行了严格的规范，为依法对付行政处罚提供了强有力的法律支持。

从实体方面说，《中华人民共和国行政处罚法》对行政机关行政处罚权利进行了如下限制：

一、处罚依据的限制

《中华人民共和国行政处罚法》第三条规定，没有法定依据的行政处罚无效。第四条规定，对违法行为给予行政处罚的规定必须公布；未经公布的，不得作为行政处罚的依据。因此，若地方政府部门对石油企业的行政处罚引用的法律依据不是行政法律、法规或规章，或引用的法律依据没有公布，或引用的法律依据虽然公布，但超出了行政法律、法规或规章规定的种类、范围，则为无效的行政处罚，完全可以依法拒绝执行。

二、处罚种类的限制

《中华人民共和国行政处罚法》第八条规定，行政处罚的种类为警告、罚款、没收违法所得和没收非法财物、责令停产停业、暂扣或者吊销许可证、暂扣或吊销执照、行政拘留及法律行政法规规定的其他行政处罚。该条规定的其他行政处罚，即包括地方行政执法部门经常对石油企业进行的诸如交纳森林植被恢复费、林地林木赔偿费、草原植被恢复费等处罚，不包括在野外作业中经常碰到的被扣押财产的行为，因此若遇到扣押车辆或其他财产的事件发生，应坚决向法院提出侵权赔偿诉讼，依法维护企业的合法权益。

三、对设定行政处罚主体的限制

《中华人民共和国行政处罚法》第九条规定，限制人身自由的行政处罚，只能由法律设定。第十条规定，行政法规可以设定除限制人身自由以外的行政处罚。《中华人民共和国行政处罚法》第十一条规定，地方性法规可以设定除限制人身自由、吊销企业执照以外的行政处罚。该法第十三条规定，省级人民政府可以在法律、法规规定范围内给行政处罚的行为、种类和幅度的范围作出具体规定。从这些规定中可以看出，省级人民政府无权设定行政处罚，而只能在法律、法规规定的框架内作出具体的解释，省级以下人民政府各部门及各级人民政府均无权设定任何形式或任何种类的行政处罚，因此，在实际工作中，如果地方政府部门对石油企业进行的所谓行政处罚不是国家行政法律、法规规定的应予处罚的行为、范围、种类，则可依法拒绝。

从行政处罚程序来看，该法对行政机关的行政处罚程序进行了具体规定：

一、调查取证程序

《中华人民共和国行政处罚法》第四条第二款规定，设定和实施行政处罚必须以事实为依据，与违法行为的事实、性质、情节以及社会危害程度相当。《中华人民共和国行政处罚法》第三十条规定，违法事实不清的，不得给予行政处罚。根据这些法律规定，行政机关在对石油企业进行行政处罚时必须要履行对石油企业实施的行政违法行为与损害事实的调查核实程序，并且要搞清违法行为的危害性质、情节和社会危害程度，否则，不能进行行政处罚。

二、行政处罚的适用与决定程序

《中华人民共和国行政处罚法》第二十四条规定，对当事人的同一个违法行为，不得给予两次以上罚款的行政处罚。《中华人民共和国行政处罚法》第三十一条规定，行政机关在作出处罚决定之前，应履行告知程序，即应当将作出处罚决定的事实、理由、依据及当事人贪污享有的权利告诉受处罚的人。该法第三十二条规定，行政机关在作出处罚决定之前，应履行听取当事人陈述、申辩及采纳正确意见的程序。该法第四十二条规定，行政机关在作出责令停业、吊销许可证或者执照、较大数额罚款等行政处罚决定之前，应当事人的请求，要履行听证程序。如果行政机关在对石油企业作出行政处罚决定之前，没有履行上述程序或步骤，则行政处罚决定不能成立，石油企业可以拒绝执行。

第四节
充分利用行政法律、法规或规章赋予我们的
各种权利，依法对付不合理的行政处罚

从目前的情况来看，现行行政法律、法规或规章赋予我们的权利还是比较多的，只要我们充分利用和善于行使这些权利，并以此依法对付不合理的行政处罚，一定会收到较好的效果。

一、充分利用陈述、申辩权

在行政机关对石油企业进行行政处罚时，石油企业应首先对自己的生产经营行为进行具体详尽的调查核实，掌握事实，准备证据，做到心中有数。其次，在和行政机关面对面谈判时，要根据对方提出的问题，有针对性、有重点的进行陈述、申辩，动之以情，晓之以理。

二、充分行使听证权

要通过举行听证会，使行政机关作出的行政处罚过程公开化，减少行政处罚的盲目性、随意性。

三、充分行使管辖异议权

要通过管辖异议，争取把行政处罚放在和石油企业协作关系较好的行政区域处理。

四、充分行使申请复议权

要通过申请复议，争取把行政处罚放在行政级别较高、政策水平较好的政府部门进行处理，提高行政处罚的公正性、合理性。

五、充分行使行政诉讼权

要根据石油企业生产经营行为的实际情况，积极通过行政诉讼，纠正和改变行政机关错误的、不合理的行政处罚。

第五节
依法生产,文明施工是有效
应对行政处罚的根本途径

虽然行政法律、法规或规章在限制行政机关权利的同时,赋予行政相对人一定的抗辩权,这为石油企业依法对付行政处罚提供了强大的法律武器,但从总体上说,依法生产,文明施工才是对付行政处罚的根本途径。

一、转变观念,提高认识

坚持不懈、持之以恒的教育职工转变观念,提高对依法生产重要性的认识,增强爱护石油天然气勘探开发生产环境,减少勘探开发损害,科学文明施工的自觉性、主动性、积极性。

二、转换机制,降低成本,减少处罚

通过转换经营机制,改进和完善资产经营承包责任制,把生产经营指标,层层分解,层层落实到每个职工头上,将职工个人的经济利益和企业的成本控制指标紧密联系起来,使职工人人关心成本,人人参与成本的控制,最大限度的降低损害面积,以减少可能受到的行政处罚。

三、科学施工,降低损害

根据工区或作业区块的具体情况,分别采取灵活多样的施工方式或手段,如在植被生长繁茂的区域,尽量减少使用推土机、重型运输车辆等大型施工设备,而改用小型或简易施工工具,减少和降低损害程度,从根本上保证不受到或少受行政处罚的干扰和影响。

四、推行 HSE 标准,减少施工损害

认真贯彻实施国际石油勘探开发领域普遍推行的 HSE 标准,坚持按照规范施工,集中统一施工作业地点或行车路线,减少施工损害或车辆碾压面积,降低对地表植被的损害程度,防止高额行政处罚出现。

第六节
搞好关系，协调处理是现阶段
对付行政处罚的另一途径

从石油企业近年来对付行政处罚的成功实践看，在法制不健全或地方保护主义色彩较为浓厚的地区，若石油企业的石油天然气勘探开发生产的行为确实违反了国家行政法律、法规或规章的禁止性规定，则采取协商处理的方式解决问题较为妥当。

一、协商处理的前提

协商处理的前提须为石油企业确有行政违法行为和损害事实的存在，并且该违法行为与损害事实有法律上的因果关系，在此种情况下，若石油企业采用法律手段解决问题，无绝对胜诉的机会，因而，宜采用该种方式。

二、协商处理的准备

协商处理时，石油企业应有较充分的准备，要有几套切实可行的协商处理方案。

三、协商处理的决策

协商处理时，应由职务较高的领导带队，以引起对方的重视，并且，在谈判的关键时刻，能拍板决策，及时定夺。

四、协商处理的过程

协商处理过程中，应尽可能摸清对方决策人的情况，调动和运用各种关系做好有关工作，提高协商处理的效率。

第十一章

石油企业涉及的民事侵权法律责任

石油企业生产中的民事侵权包括两个方面，一是因其自身勘探开发行为造成他人财产及人身损害，二是他人侵犯石油企业的财产和人身权利。因此，石油企业的管理者及一般员工都应该了解和掌握有关民事侵权赔偿的相关法律规定，以更好地维护他人及自身合法权益。

第一节 一般侵权的民事责任

一、公民、法人在一般情况下的民事责任

公民、法人由于过错侵害国家的、集体的财产，侵害他人财产、人身权利的，应当承担民事责任。没有过错，但法律规定应当承担民事责任的，应当承担民事责任。但因不可抗力不能履行合同或者造成他人损害的，不承担民事责任，法律另有规定的除外。

二、侵害公民身体造成伤害的民事责任

侵害公民身体造成伤害的，应当赔偿医疗费、因误工减少的收入、残废者生活补助费等费用；造成死亡的，应当支付丧葬费、死者生前扶养的人必要的生活费等费用。

三、公民的姓名权、肖像权、名誉权、荣誉权受到侵害的民事责任

公民的姓名权、肖像权、名誉权、荣誉权受到侵害的，有权要求停止侵害，恢复名誉，消除影响，赔礼道歉，并可以要求赔偿损失。

四、国家机关或者国家机关工作人员在执行职务中，侵犯公民、法人的合法权益造成损害的应承担民事责任

国家机关或者国家机关工作人员在执行职务中，侵犯公民、法人的合法权益造成损害的，应当承担民事责任。

五、产品质量不合格造成他人财产、人身损害的民事侵权责任

因产品质量不合格造成他人财产、人身损害的，产品制造者、销售者应当依法承担民事责任。运输者、仓储者对此负有责任的，产品制造者、销售者有权要求赔偿损失。

第二节 特殊侵权民事法律责任

一、从事对周围环境有高度危险的作业造成他人损害的民事责任

从事高空、高压、易燃、易爆、剧毒、放射性、高速运输工具等对周围环境有高度危险的作业造成他人损害的，应当承担民事责任；如果能够证明损害是由受害人故意造成的，不承担民事责任。

二、污染环境造成他人损害的民事责任

违反国家保护环境防止污染的规定，污染环境造成他人损害的，应当依法承担民事责任。

三、施工过程中造成他人损害的民事责任

在公共场所、道旁或者通道上挖坑、修缮安装地下设施等，没有设置明显标志和采取安全措施造成他人损害的，施工人应当承担民事责任。

四、搁置物、悬挂物发生倒塌、脱落、坠落造成他人损害的民事责任

建筑物或者其他设施以及建筑物上的搁置物、悬挂物发生倒塌、脱落、坠落造成他人损害的，它的所有人或者管理人应当承担民事责任，但能够证明自己没有过错的除外。

五、饲养的动物造成他人损害的民事责任

饲养的动物造成他人损害的，动物饲养人或者管理人应当承担民事责任；由于受害人的过错造成损害的，动物饲养人或者管理人不承担民事责任；由于第三人的过错造成损害的，第三人应当承担民事责任。

第三节 其他类型的民事责任

一、因正当防卫造成损害的民事责任

因正当防卫造成损害的，不承担民事责任。正当防卫超过必要的限度，造成不应有的损害的，应当承担适当的民事责任。

二、因紧急避险造成损害的民事责任

因紧急避险造成损害的，由引起险情发生的人承担民事责任。如果危险是由自然原因引起的，紧急避险人不承担民事责任或者承担适当的民事责任。因紧急避险采取措施不当或者超过必要的限度，造成不应有的损害的，紧急避险人应当承担适当的民事责任。

三、两人以上共同侵权造成他人损害的民事责任

两人以上共同侵权造成他人损害的，应当承担连带责任。

四、受害人对于损害的发生也有过错的民事责任

受害人对于损害的发生也有过错的，可以减轻侵害人的民事责任。

五、当事人对造成损害都没有过错的民事责任

当事人对造成损害都没有过错的，可以根据实际情况，由当事人分担民事责任。

六、无民事行为能力人、限制民事行为能力人造成他人损害的民事责任

无民事行为能力人、限制民事行为能力人造成他人损害的，由监护人承担民事责任。监护人尽了监护责任的，可以适当减轻其民事责任。

有财产的无民事行为能力人、限制民事行为能力人造成他人损害的，从本人财产中支付赔偿费用。不足部分，由监护人适当赔偿，但单位担任监护人的除外。

第四节　承担民事责任的方式

一、承担民事责任的主要方式

（一）停止侵害；

（二）排除妨碍；

（三）消除危险；

（四）返还财产；

（五）恢复原状；

（六）修理、重作、更换；

（七）赔偿损失；

（八）支付违约金；

（九）消除影响、恢复名誉；

（十）赔礼道歉。

以上承担民事责任的方式，可以单独使用，也可以合并使用。

二、承担民事责任的其他方式

人民法院审理民事案件，除适用上述规定外，还可以予以训诫、责令其悔过、收缴进行非法活动的财物和非法所得，并可以依照法律规定处以罚款、拘留。

第十二章

石油企业民事侵权诉讼法律问题

在石油企业生产经营过程中，由于种种原因，民事侵权诉讼案件不仅数量多，种类杂，而且必须依法妥善进行处理。若不及时依法处理，不仅影响石油企业的良好形象，且可能承担诉讼不利的后果。

第一节 管辖

一、级别管辖

基层人民法院管辖第一审民事案件，但本法另有规定的除外。

中级人民法院管辖下列第一审民事案件：

（一）重大涉外案件；

（二）在本辖区有重大影响的案件；

（三）最高人民法院确定由中级人民法院管辖的案件。

高级人民法院管辖在本辖区有重大影响的第一审民事案件。

最高人民法院管辖下列第一审民事案件：

（一）在全国有重大影响的案件；

（二）认为应当由本院审理的案件。

二、地域管辖

对公民提起的民事诉讼，由被告住所地人民法院管辖；被告住所地与经常居住地不一致的，由经常居住地人民法院管辖。

对法人或者其他组织提起的民事诉讼，由被告住所地人民法院管辖。

同一诉讼的几个被告住所地、经常居住地在两个以上人民法院辖区的，各该人民法院都有管辖权。

下列民事诉讼，由原告住所地人民法院管辖；原告住所地与经常居住地不一致的，由原告经常居住地人民法院管辖：

（一）对不在中华人民共和国领域内居住的人提起的有关身份关系的诉讼；

（二）对下落不明或者宣告失踪的人提起的有关身份关系的诉讼；

（三）对被劳动教养的人提起的诉讼；

（四）对被监禁的人提起的诉讼。

因合同纠纷提起的诉讼，由被告住所地或者合同履行地人民法院管辖。

合同的双方当事人可以在书面合同中协议选择被告住所地、合同履行地、合同签订地、原告住所地、标的物所在地人民法院管辖，但不得违反本法对级别管辖和专属管辖的规定。

因保险合同纠纷提起的诉讼，由被告住所地或者保险标的物所在地人民法院管辖。

因票据纠纷提起的诉讼，由票据兑付地或者被告住所地人民法院管辖。

因铁路、公路、水上、航空运输和联合运输合同纠纷提起的诉讼，由运输始发地、目的地或者被告住所地人民法院管辖。

因侵权行为提起的诉讼，由侵权行为地或者被告住所地人民法院管辖。

因铁路、公路、水上和航空事故请求损害赔偿提起的诉讼，由事故发生地或者车辆、船舶最先到达地、航空器最先降落地或者被告住所地人民法院管辖。

因船舶碰撞或者其他海事损害事故请求损害赔偿提起的诉讼，由碰撞发生地、碰撞船舶最先到达地、加害船舶被扣留地或者被告住所地人民法院管辖。

因海难救助费用提起的诉讼，由救助地或者被救助船舶最先到达地人民法院管辖。

因共同海损提起的诉讼，由船舶最先到达地、共同海损理算地或者航程终止地的人民法院管辖。

三、专属管辖

下列案件，由本条规定的人民法院专属管辖：

（一）因不动产纠纷提起的诉讼，由不动产所在地人民法院管辖；

（二）因港口作业中发生纠纷提起的诉讼，由港口所在地人民法院管辖；

（三）因继承遗产纠纷提起的诉讼，由被继承人死亡时住所地或者主要遗产所在地人民法院管辖。

两个以上人民法院都有管辖权的诉讼，原告可以向其中一个人民法院起诉；原告向两个以上有管辖权的人民法院起诉的，由最先立案的人民法院管辖。

四、移送管辖和指定管辖

人民法院发现受理的案件不属于本院管辖的，应当移送有管辖权的人民法院，受移送的人民法院应当受理。受移送的人民法院认为受移送的案

件依照规定不属于本院管辖的，应当报请上级人民法院指定管辖，不得再自行移送。

有管辖权的人民法院由于特殊原因，不能行使管辖权的，由上级人民法院指定管辖。

人民法院之间因管辖权发生争议，由争议双方协商解决；协商解决不了的，报请共同上级人民法院指定管辖。

人民法院受理案件后，当事人对管辖权有异议的，应当在提交答辩状期间提出。人民法院对当事人提出的异议，应当审查。异议成立的，裁定将案件移送有管辖权的人民法院；异议不成立的，裁定驳回。

上级人民法院有权审理下级人民法院管辖的第一审民事案件，也可以把本院管辖的第一审民事案件交下级人民法院审理。

下级人民法院对它所管辖的第一审民事案件，认为需要由上级人民法院审理的，可以报请上级人民法院审理。

第二节 当事人

一、当事人的诉讼权利

当事人有权委托代理人，提出回避申请，收集、提供证据，进行辩论，请求调解，提起上诉，申请执行。

当事人可以查阅本案有关材料，并可以复制本案有关材料和法律文书。查阅、复制本案有关材料的范围和办法由最高人民法院规定。

当事人必须依法行使诉讼权利，遵守诉讼秩序，履行发生法律效力的判决书、裁定书和调解书。

双方当事人可以自行和解。

原告可以放弃或者变更诉讼请求。被告可以承认或者反驳诉讼请求，有权提起反诉。

二、共同诉讼

当事人一方或者双方为两人以上，其诉讼标的是共同的，或者诉讼标的是同一种类、人民法院认为可以合并审理并经当事人同意的，为共同诉讼。

共同诉讼的一方当事人对诉讼标的有共同权利义务的，其中一人的诉讼行为经其他共同诉讼人承认，对其他共同诉讼的发生效力；对诉讼标的没有共同权利义务的，其中一人的诉讼行为对其他共同诉讼人不发生效力。

三、代表人诉讼

当事人一方人数众多的共同诉讼，可以由当事人推选代表人进行诉讼。代表人的诉讼行为对其所代表的当事人发生效力，但代表人变更、放弃诉讼请求或者承认对方当事人的诉讼请求，进行和解，必须经被代表的当事人同意。

诉讼标的是同一种类、当事人一方人数众多在起诉时人数尚未确定的，人民法院可以发出公告，说明案件情况和诉讼请求，通知权利人在一定期间向人民法院登记。

向人民法院登记的权利人可以推选代表人进行诉讼；推选不出代表人的，人民法院可以与参加登记的权利人商定代表人。

代表人的诉讼行为对其所代表的当事人发生效力，但代表人变更、放弃诉讼请求或者承认对方当事人的诉讼请求，进行和解，必须经被代表的当事人同意。

人民法院作出的判决、裁定，对参加登记的全体权利人发生效力。未参加登记的权利人在诉讼时效期间提起诉讼的，适用该判决、裁定。

四、第三人诉讼

对当事人双方的诉讼标的，第三人认为有独立请求权的，有权提起诉讼。

对当事人双方的诉讼标的，第三人虽然没有独立请求权，但案件处理结果同他有法律上的利害关系的，可以申请参加诉讼，或者由人民法院通知他参加诉讼。人民法院判决承担民事责任的第三人，有当事人的诉讼权利义务。

第三节 诉讼代理人

委托他人代为诉讼，必须向人民法院提交由委托人签名或者盖章的授权委托书。

授权委托书必须记明委托事项和权限。诉讼代理人代为承认、放弃、变更诉讼请求，进行和解，提起反诉或者上诉，必须有委托人的特别授权。

侨居在国外的中华人民共和国公民从国外寄交或者托交的授权委托书，必须经中华人民共和国驻该国的使领馆证明；没有使领馆的，由与中华人民共和国有外交关系的第三国驻该国的使领馆证明，再转由中华人民共和国驻该第三国使领馆证明，或者由当地的爱国华侨团体证明。

诉讼代理人的权限如果变更或者解除，当事人应当书面告知人民法院，并由人民法院通知对方当事人。

代理诉讼的律师和其他诉讼代理人有权调查收集证据，可以查阅本案有关材料。查阅本案有关材料的范围和办法由最高人民法院规定。

离婚案件有诉讼代理人的，本人除不能表达意志的以外，仍应出庭；确因特殊情况无法出庭的，必须向人民法院提交书面意见。

第四节 诉讼时效

一、一般规定

向人民法院请求保护民事权利的诉讼时效期间为两年，法律另有规定的除外。

二、特殊规定

下列的诉讼时效期间为一年：

身体受到伤害要求赔偿的；

出售质量不合格的商品未声明的；

延付或者拒付租金的；

寄存财物被丢失或者损毁的。

三、最长诉讼时效

诉讼时效期间从知道或者应当知道权利被侵害时计算。但是，从权利被侵害之日起超过二十年的，人民法院不予保护。有特殊情况的，人民法院可以延长诉讼时效期间。

四、超过诉讼时效的法律后果

超过诉讼时效即失去了胜诉权，但超过诉讼时效期间，当事人自愿履行的，不受诉讼时效限制。

五、诉讼时效的中止，诉讼时效的中断

诉讼时效中止是指在诉讼时效进行期间，因发生法定事由阻碍权利人行使请求权，诉讼依法暂时停止进行，并在法定事由消失之日起继续进行的情况，又称为时效的暂停。

诉讼时效中断是指已开始的诉讼时效因发生法定事由不再进行，并使已经经过的时效期间丧失效力。

六、诉讼时效中止和中断的法定事由

我国《民法通则》第一百四十条确认了诉讼时效中断的情况和事由，诉讼时效因提起诉讼、当事人一方提出要求或者同意履行义务而中断。从中断时起，诉讼时效期间重新计算。

我国《民法通则》第一百三十九条予以规定："在诉讼时效期间的最后6个月内，因不可抗力或者其他障碍不能行使请求权的，诉讼时效中止，诉讼时效从中止时效的原因消除之日起继续计算。"

七、诉讼时效的延长

诉讼时效延长是指人民法院查明权利人在诉讼时效期间确有法律规定之外的正当理由而未行使请求权的，适当延长已完成的诉讼时效期间。诉讼时效的延长是发生在诉讼时效届满之后，而不是在诉讼时效过程中，而且能够引起诉讼时效延长的事由，是由人民法院认定的。延长的期间，也由人民法院依客观情况予以掌握。

第十三章

石油企业民事侵权诉讼证据法律问题

石油企业在涉及民事侵权诉讼案件时，必须依照民事诉讼法及最高人民法院关于民事诉讼证据的司法解释，依法按时提交有关证据，否则，将可能承担举证不能或诉讼不利的法律责任。

第一节 证据的种类及举证责任

一、证据有下列几种

（一）书证；

（二）物证；

（三）视听资料；

（四）证人证言；

（五）当事人的陈述；

（六）鉴定结论；

（七）勘验笔录。

以上证据必须查证属实，才能作为认定事实的根据。

二、举证责任划分

一是当事人对自己提出的主张，有责任提供证据。

二是当事人及其诉讼代理人因客观原因不能自行收集的证据，或者人民法院认为审理案件需要的证据，人民法院应当调查收集。人民法院有权向有关单位和个人调查取证，有关单位和个人不得拒绝。

第二节 证据审查

一、一般规定

人民法院应当按照法定程序，全面地、客观地审查核实证据。

人民法院对有关单位和个人提出的证明文书，应当辨别真伪，审查确定其效力。

二、质证的规定

证据应当在法庭上出示，并由当事人互相质证。对涉及国家秘密、商业秘密和个人隐私的证据应当保密，需要在法庭出示的，不得在公开开庭

时出示。

三、公证证据效力

经过法定程序公证证明的法律行为、法律事实和文书，人民法院应当作为认定事实的根据。但有相反证据足以推翻公证证明的除外。

四、提交证据的形式

书证应当提交原件。物证应当提交原物。提交原件或者原物确有困难的，可以提交复制品、照片、副本、节录本。

提交外文书证，必须附有中文译本。

五、视听资料证据

人民法院对视听资料，应当辨别真伪，并结合本案的其他证据，审查确定能否作为认定事实的根据。

六、证人出庭的规定

凡是知道案件情况的单位和个人，都有义务出庭作证。有关单位的负责人应当支持证人作证。证人确有困难不能出庭的，经人民法院许可，可以提交书面证言。

不能正确表达意志的人，不能作证。

七、当事人陈述效力

人民法院对当事人的陈述，应当结合本案的其他证据，审查确定能否作为认定事实的根据。

当事人拒绝陈述的，不影响人民法院根据证据认定案件事实。

八、鉴定结论效力

人民法院对专门性问题认为需要鉴定的，应当交由法定鉴定部门鉴定；没有法定鉴定部门的，由人民法院指定的鉴定部门鉴定。

鉴定部门及其指定的鉴定人有权了解进行鉴定所需要的案件材料，必要时可以询问当事人、证人。

鉴定部门和鉴定人应当提出书面鉴定结论，在鉴定书上签名或者盖章。鉴定人鉴定的，应当由鉴定人所在单位加盖印章，证明鉴定人身份。

九、勘验报告效力

勘验物证或者现场，勘验人必须出示人民法院的证件，并邀请当地基层组织或者当事人所在单位派人参加。当事人或者当事人的成年家属应当到场，拒不到场的，不影响勘验的进行。

有关单位和个人根据人民法院的通知，有义务保护现场，协助勘验工作。

勘验人应当将勘验情况和结果制作笔录，由勘验人、当事人和被邀参加人签名或者盖章。

十、证据保全

在证据可能灭失或者以后难以取得的情况下，诉讼参加人可以向人民法院申请保全证据，人民法院也可以主动采取保全措施。

十一、反诉证据

原告向人民法院起诉或者被告提出反诉，应当附有符合起诉条件的相应的证据材料。

当事人对自己提出的诉讼请求所依据的事实或者反驳对方诉讼请求所依据的事实有责任提供证据加以证明。

十二、举证不能的后果

没有证据或者证据不足以证明当事人的事实主张的，由负有举证责任的当事人承担不利后果。

人民法院应当向当事人说明举证的要求及法律后果，促使当事人在合理期限内积极、全面、正确、诚实地完成举证。

当事人因客观原因不能自行收集的证据，可申请人民法院调查收集。

第三节 特殊侵权诉讼的举证责任

下列侵权诉讼，按照以下规定承担举证责任：

（一）因新产品制造方法发明专利引起的专利侵权诉讼，由制造同样产品的单位或者个人对其产品制造方法不同于专利方法承担举证责任；

（二）高度危险作业致人损害的侵权诉讼，由加害人就受害人故意造成损害的事实承担举证责任；

（三）因环境污染引起的损害赔偿诉讼，由加害人就法律规定的免责事由及其行为与损害结果之间不存在因果关系承担举证责任；

（四）建筑物或者其他设施以及建筑物上的搁置物、悬挂物发生倒塌、脱落、坠落致人损害的侵权诉讼，由所有人或者管理人对其无过错承担举证责任；

（五）饲养动物致人损害的侵权诉讼，由动物饲养人或者管理人就受害人有过错或者第三人有过错承担举证责任；

（六）因缺陷产品致人损害的侵权诉讼，由产品的生产者就法律规定的免责事由承担举证责任；

（七）因共同危险行为致人损害的侵权诉讼，由实施危险行为的人就其行为与损害结果之间不存在因果关系承担举证责任；

（八）因医疗行为引起的侵权诉讼，由医疗机构就医疗行为与损害结果之间不存在因果关系及不存在医疗过错承担举证责任。

有关法律对侵权诉讼的举证责任有特殊规定的，从其规定。

第四节 其他诉讼举证

一、合同纠纷的举证

在合同纠纷案件中，主张合同关系成立并生效的一方当事人对合同订立和生效的事实承担举证责任；主张合同关系变更、解除、终止、撤销的一方当事人对引起合同关系变动的事实承担举证责任。

对合同是否履行发生争议的，由负有履行义务的当事人承担举证责任。

二、代理权纠纷的举证

对代理权发生争议的，由主张有代理权一方当事人承担举证责任。

三、劳动争议纠纷的举证

在劳动争议纠纷案件中，因用人单位作出开除、除名、辞退、解除劳动合同、减少劳动报酬、计算劳动者工作年限等决定而发生劳动争议的，由用人单位负举证责任。

四、法院指定的举证

在法律没有具体规定，依本规定及其他司法解释无法确定举证责任承担时，人民法院可以根据公平原则和诚实信用原则，综合当事人举证能力等因素确定举证责任的承担。

五、当事人承认

诉讼过程中，一方当事人对另一方当事人陈述的案件事实明确表示承认的，另一方当事人无需举证。但涉及身份关系的案件除外。

六、视为承认

对一方当事人陈述的事实，另一方当事人既未表示承认也未否认，经审判人员充分说明并询问后，其仍不明确表示肯定或者否定的，视为对该项事实的承认。

七、代理人承认

当事人委托代理人参加诉讼的，代理人的承认视为当事人的承认。但未经特别授权的代理人对事实的承认直接导致承认对方诉讼请求的除外；

当事人在场但对其代理人的承认不作否认表示的，视为当事人的承认。

八、当事人承认的撤回

当事人在法庭辩论终结前撤回承认并经对方当事人同意，或者有充分证据证明其承认行为是在受胁迫或者重大误解情况下作出且与事实不符的，不能免除对方当事人的举证责任。

第五节 无需证明的事实

下列事实，当事人无需举证证明：

（一）众所周知的事实；

（二）自然规律及定理；

（三）根据法律规定或者已知事实和日常生活经验法则，能推定出的另一事实；

（四）已为人民法院发生法律效力的裁判所确认的事实；

（五）已为仲裁机构的生效裁决所确认的事实；

（六）已为有效公证文书所证明的事实。

前款（一）、（三）、（四）、（五）、（六）项，当事人有相反证据足以推翻的除外。

第六节　提供证据的方式

当事人向人民法院提供证据，应当提供原件或者原物。如需自己保存证据原件、原物或者提供原件、原物确有困难，可以提供经人民法院核对无异议的复制件或者复制品。

当事人向人民法院提供的证据系在中华人民共和国领域外形成的，该证据应当经所在国公证机关予以证明，并经中华人民共和国驻该国使领馆予以认证，或者履行中华人民共和国与该所在国订立的有关条约中规定的证明手续。

当事人向人民法院提供的证据是在香港、澳门、台湾地区形成的，应当履行相关的证明手续。

当事人向人民法院提供外文书证或者外文说明资料，应当附有中文译本。

对双方当事人无争议但涉及国家利益、社会公共利益或者他人合法权益的事实，人民法院可以责令当事人提供有关证据。

当事人应当对其提交的证据材料逐一分类编号，对证据材料的来源、证明对象和内容作简要说明，签名盖章，注明提交日期，并依照对方当事人人数提出副本。

人民法院收到当事人提交的证据材料，应当出具收据，注明证据的名称、份数和页数以及收到的时间，由经办人员签名或者盖章。

第七节 举证时限

一、答辩期限

被告应当在答辩期届满前提出书面答辩，阐明其对原告诉讼请求及所依据的事实和理由的意见。

二、举证通知书

人民法院应当在送达案件受理通知书和应诉通知书的同时向当事人送达举证通知书。举证通知书应当载明举证责任的分配原则与要求、可以向人民法院申请调查取证的情形、人民法院根据案件情况指定的举证期限以及逾期提供证据的法律后果。

三、举证期限的协商

举证期限可以由当事人协商一致，并经人民法院认可。

四、举证期限

人民法院指定举证期限的，指定期限不得少于三十日，自当事人收到案件受理通知书和应诉通知书次日起计算。

五、逾期举证的后果

当事人应当在举证期限内向人民法院提交证据材料，当事人在举证期限内不提交的，视为放弃举证权利。

对于当事人逾期提交的证据材料，人民法院审理时不组织质证。但对方当事人同意质证的除外。

六、当事人增加、变更诉讼请求或者提起反诉的期限

应当在举证期限届满前提出。

第八节 诉讼过程中的举证

一、变更诉讼请求的举证

诉讼过程中，当事人主张的法律关系的性质或者民事行为的效力与人民法院根据案件事实作出的认定不一致的，人民法院应当告知当事人可以变更诉讼请求。当事人变更诉讼请求的，人民法院应当重新指定举证期限。

二、申请延期举证

当事人在举证期限内提交证据材料确有困难的，应当在举证期限内向人民法院申请延期举证，经人民法院准许，可以适当延长举证期限。当事人在延长的举证期限内提交证据材料仍有困难的，可以再次提出延期申请，是否准许由人民法院决定。

三、证据交换的期限

经当事人申请，人民法院可以组织当事人在开庭审理前交换证据。

人民法院对于证据较多或者复杂疑难的案件，应当组织当事人在答辩期届满后、开庭审理前交换证据。

交换证据的时间可以由当事人协商一致并经人民法院认可，也可以由人民法院指定。

人民法院组织当事人交换证据的，交换证据之日举证期限届满。当事人申请延期举证经人民法院准许的，证据交换日相应顺延。

证据交换应当在审判人员的主持下进行。

在证据交换的过程中，审判人员对当事人无异议的事实、证据应当记录在卷；对有异议的证据，按照需要证明的事实分类记录在卷，并记载异议的理由。通过证据交换，确定双方当事人争议的主要问题。

当事人收到对方交换的证据后提出反驳并提出新证据的，人民法院应当通知当事人在指定的时间进行交换。

证据交换一般不超过两次。但重大、疑难和案情特别复杂的案件，人民法院认为确有必要再次进行证据交换的除外。

《中华人民共和国民事诉讼法》第一百二十五条第一款规定的"新的证据"，是指以下情形：

（一）一审程序中的新的证据包括：当事人在一审举证期限届满后新发现的证据；当事人确因客观原因无法在举证期限内提供，经人民法院准许，在延长的期限内仍无法提供的证据。

（二）二审程序中的新的证据包括：一审庭审结束后新发现的证据；当事人在一审举证期限届满前申请人民法院调查取证未获准许，二审法院经审查认为应当准许并依当事人申请调取的证据。

当事人在一审程序中提供新的证据的，应当在一审开庭前或者开庭审理时提出。

当事人在二审程序中提供新的证据的，应当在二审开庭前或者开庭审理时提出；二审不需要开庭审理的，应当在人民法院指定的期限内提出。

当事人举证期限届满后提供的证据不是新的证据的，人民法院不予采纳。

当事人经人民法院准许延期举证，但因客观原因未能在准许的期限内提供，且不审理该证据可能导致裁判明显不公的，其提供的证据可视为新的证据。

《民事诉讼法》第一百七十九条第一款第（一）项规定的"新的证据"，是指原审庭审结束后新发现的证据。

当事人在再审程序中提供新的证据的，应当在申请再审时提出。

一方当事人提出新的证据的，人民法院应当通知对方当事人在合理期限内提出意见或者举证。

由于当事人的原因未能在指定期限内举证，致使案件在二审或者再审期间因提出新的证据被人民法院发回重审或者改判的，原审裁判不属于错误裁判案件。一方当事人请求提出新的证据的另一方当事人负担由此增加的差旅、误工、证人出庭作证、诉讼等合理费用以及由此扩大的直接损失，人民法院应予支持。

第九节 质证程序

一、质证的效力

证据应当在法庭上出示，由当事人质证。未经质证的证据，不能作为认定案件事实的依据。

当事人在证据交换过程中认可并记录在卷的证据，经审判人员在庭审中说明后，可以作为认定案件事实的依据。

涉及国家秘密、商业秘密和个人隐私或者法律规定的其他应当保密的证据，不得在开庭时公开质证。

二、质证的方式

对书证、物证、视听资料进行质证时，当事人有权要求出示证据的原件或者原物。但有下列情况之一的除外：

（一）出示原件或者原物确有困难并经人民法院准许出示复制件或者复制品的；

（二）原件或者原物已不存在，但有证据证明复制件、复制品与原件或原物一致的。

三、质证内容及顺序

质证时，当事人应当围绕证据的真实性、关联性、合法性，针对证据证明力有无以及证明力大小，进行质疑、说明与辩驳。

质证按下列顺序进行：

（一）原告出示证据，被告、第三人与原告进行质证；

（二）被告出示证据，原告、第三人与被告进行质证；

（三）第三人出示证据，原告、被告与第三人进行质证。

人民法院依照当事人申请调查收集的证据，作为提出申请的一方当事人提供的证据。

人民法院依照职权调查收集的证据应当在庭审时出示，听取当事人意见，并可就调查收集该证据的情况予以说明。

案件有两个以上独立的诉讼请求的，当事人可以逐个出示证据进行

质证。

四、证人出庭作证的规定

不能正确表达意志的人，不能作为证人。待证事实与其年龄、智力状况或者精神健康状况相适应的无民事行为能力人和限制民事行为能力人，可以作为证人。

当事人申请证人出庭作证，应当在举证期限届满十日前提出，并经人民法院许可。

人民法院对当事人的申请予以准许的，应当在开庭审理前通知证人出庭作证，并告知其应当如实作证及作伪证的法律后果。

证人因出庭作证而支出的合理费用，由提供证人的一方当事人先行支付，由败诉一方当事人承担。

证人应当出庭作证，接受当事人的质询。

证人在人民法院组织双方当事人交换证据时出席陈述证言的，可视为出庭作证。

《民事诉讼法》第七十条规定的"证人确有困难不能出庭"，是指有下列情形之一：

（一）年迈体弱或者行动不便无法出庭的；

（二）特殊岗位确实无法离开的；

（三）路途特别遥远，交通不便难以出庭的；

（四）因自然灾害等不可抗力的原因无法出庭的；

（五）其他无法出庭的特殊情况。

前款情形，经人民法院许可，证人可以提交书面证言或者视听资料或者通过双向视听传输技术手段作证。

出庭作证的证人应当客观陈述其亲身感知的事实。证人为聋哑人的，可以其他表达方式作证。

证人作证时，不得使用猜测、推断或者评论性的语言。

五、询问证人和质询鉴定人

审判人员和当事人可以对证人进行询问。证人不得旁听法庭审理；询问证人时，其他证人不得在场。人民法院认为有必要的，可以让证人进行对质。

鉴定人应当出庭接受当事人质询。

鉴定人确因特殊原因无法出庭的，经人民法院准许，可以书面答复当事人的质询。

经法庭许可，当事人可以向证人、鉴定人、勘验人发问。

询问证人、鉴定人、勘验人不得使用威胁、侮辱及不适当引导证人的言语和方式。

法庭应当将当事人的质证情况记入笔录，并由当事人核对后签名或者盖章。

第十节 证据的审核认定

一、一般规定

人民法院应当以证据能够证明的案件事实为依据依法作出裁判。

审判人员应当依照法定程序，全面、客观地审核证据，依据法律的规定，遵循法官职业道德，运用逻辑推理和日常生活经验，对证据有无证明力和证明力大小独立进行判断，并公开判断的理由和结果。

二、单一证据的审核认定

审判人员对单一证据可以从下列方面进行审核认定：

证据是否原件、原物，复印件、复制品与原件、原物是否相符；

证据与本案事实是否相关；

证据的形式、来源是否符合法律规定；

证据的内容是否真实；

证人或者提供证据的人，与当事人有无利害关系。

审判人员对案件的全部证据，应当从各证据与案件事实的关联程度、各证据之间的联系等方面进行综合审查判断。

三、为达成调解或和解对事实的认可

在诉讼中，当事人为达成调解协议或者和解的目的作出妥协所涉及的对案件事实的认可，不得在其后的诉讼中作为对其不利的证据。

四、非法证据的认定

以侵害他人合法权益或者违反法律禁止性规定的方法取得的证据，不能作为认定案件事实的依据。

五、不能单独作为认定案件事实的依据

下列证据不能单独作为认定案件事实的依据：

未成年人所作的与其年龄和智力状况不相当的证言；

与一方当事人或者其代理人有利害关系的证人出具的证言；

存有疑点的视听资料；

无法与原件、原物核对的复印件、复制品；

无正当理由未出庭作证的证人证言。

六、对方当事人无足够证据反驳的证据效力

一方当事人提出的下列证据，对方当事人提出异议但没有足以反驳的相反证据的，人民法院应当确认其证明力：

书证原件或者与书证原件核对无误的复印件、照片、副本、节录本；

物证原物或者与物证原物核对无误的复制件、照片、录像资料等；

有其他证据佐证并以合法手段取得的、无疑点的视听资料或者与视听资料核对无误的复制件；

一方当事人申请人民法院依照法定程序制作的对物证或者现场的勘验笔录。

一方当事人提出的证据，另一方当事人认可或者提出的相反证据不足以反驳的，人民法院可以确认其证明力。

七、鉴定结论的效力

人民法院委托鉴定部门作出的鉴定结论，当事人没有足以反驳的相反证据和理由的，可以认定其证明力。

八、对反驳证据认可的效力

一方当事人提出的证据，另一方当事人有异议并提出反驳证据，对方当事人对反驳证据认可的，可以确认反驳证据的证明力。

双方当事人对同一事实分别举出相反的证据，但都没有足够的依据否定对方证据的，人民法院应当结合案件情况，判断一方提供证据的证明力是否明显大于另一方提供证据的证明力，并对证明力较大的证据予以确认。

九、诉讼过程中证据的综合审查

因证据的证明力无法判断导致争议事实难以认定的，人民法院应当依据举证责任分配的规则作出裁判。

诉讼过程中，当事人在起诉状、答辩状、陈述及其委托代理人的代理词中承认的对己方不利的事实和认可的证据，人民法院应当予以确认，但当事人反悔并有相反证据足以推翻的除外。

有证据证明一方当事人持有证据无正当理由拒不提供，如果对方当事人主张该证据的内容不利于证据持有人，可以推定该主张成立。

当事人对自己的主张，只有本人陈述而不能提出其他相关证据的，其主张不予支持。但对方当事人认可的除外。

人民法院就数个证据对同一事实的证明力，可以依照下列原则认定：

（一）国家机关、社会团体依职权制作的公文书证的证明力一般大于其他书证；

（二）物证、档案、鉴定结论、勘验笔录或者经过公证、登记的书证，其证明力一般大于其他书证、视听资料和证人证言；

（三）原始证据的证明力一般大于传来证据；

（四）直接证据的证明力一般大于间接证据；

（五）证人提供的对与其有亲属或者其他密切关系的当事人有利的证言，其证明力一般小于其他证人证言。

人民法院认定证人证言，可以通过对证人的智力状况、品德、知识、经验、法律意识和专业技能等的综合分析作出判断。

人民法院应当在裁判文书中阐明证据是否采纳的理由。

第十四章

石油企业涉及的人身损害赔偿法律问题

　　人身损害赔偿案件是石油企业勘探开发生产过程中，经常出现的一类案件。主要包括两个方面：一是石油企业在施工过程中对当地群众或其他第三人造成的人身损害；二是石油企业工作人员在工作中受到当地群众及其他第三人的侵害。凡属此类案件，皆须按照最高人民法院《关于审理人身损害赔偿案件适用法律若干问题的意见》，依法处理，方能确保企业和谐、稳定发展。

第一节 受理范围及当事人

一、人身损害赔偿案件的受理范围

因生命、健康、身体遭受侵害，赔偿权利人起诉请求赔偿义务人赔偿财产损失和精神损害的，人民法院应予受理。

二、赔偿权利人、义务人

赔偿权利人，是指因侵权行为或者其他致害原因直接遭受人身损害的受害人、依法由受害人承担扶养义务的被扶养人以及死亡受害人的近亲属。

赔偿义务人，是指因自己或者他人的侵权行为以及其他致害原因依法应当承担民事责任的自然人、法人或者其他组织。

第二节 混合过错

受害人对同一损害的发生或者扩大有故意、过失的，依照民法通则第一百三十一条的规定，可以减轻或者免除赔偿义务人的赔偿责任。

但侵权人因故意或者重大过失致人损害，受害人只有一般过失的，不减轻赔偿义务人的赔偿责任。

适用民法通则第一百零六条第三款规定确定赔偿义务人的赔尝责任时，受害人有重大过失的，可以减轻赔偿义务人的赔偿责任。

第三节 共同侵权

二人以上共同故意或者共同过失致人损害，或者虽无共同故意、共同过失，但其侵害行为直接结合发生同一损害后果的，构成共同侵权，应当依照民法通则第一百三十条规定承担连带责任。

二人以上没有共同故意或者共同过失，但其分别实施的数个行为间接结合发生同一损害后果的，应当根据过失大小或者原因比例各自承担相应的赔偿责任。

二人以上共同实施危及他人人身安全的行为并造成损害后果，不能确定实际侵害行为人的，应当依照民法通则第一百三十条规定承担连带责任。共同危险行为人能够证明损害后果不是由其行为造成的，不承担赔偿责任。

赔偿权利人起诉部分共同侵权人的，人民法院应当追加其他共同侵权人作为共同被告。赔偿权利人在诉讼中放弃对部分共同侵权人的诉讼请求的，其他共同侵权人对被放弃诉讼请求的被告应当承担的赔偿份额不承担连带责任。责任范围难以确定的，推定各共同侵权人承担同等责任。

人民法院应当将放弃诉讼请求的法律后果告知赔偿权利人，并将放弃诉讼请求的情况在法律文书中叙明。

第四节
未尽合理限度范围内的安全保障义务
致使他人遭受人身损害的赔偿

从事住宿、餐饮、娱乐等经营活动或者其他社会活动的自然人、法人、其他组织，未尽合理限度范围内的安全保障义务致使他人遭受人身损害，赔偿权利人请求其承担相应赔偿责任的，人民法院应予支持。

第五节 第三人侵权导致的赔偿

因第三人侵权导致损害结果发生的，由实施侵权行为的第三人承担赔偿责任。安全保障义务人有过错的，应当在其能够防止或者制止损害的范围内承担相应的补充赔偿责任。安全保障义务人承担责任后，可以向第三人追偿。赔偿权利人起诉安全保障义务人的，应当将第三人作为共同被告，但第三人不能确定的除外。

第六节 对未成年人造成损害的赔偿

对未成年人依法负有教育、管理、保护义务的学校、幼儿园或者其他教育机构，未尽职责范围内的相关义务致使未成年人遭受人身损害，或者未成年人致他人人身损害的，应当承担与其过错相应的赔偿责任。

第三人侵权致未成年人遭受人身损害的，应当承担赔偿责任。学校、幼儿园等教育机构有过错的，应当承担相应的补充赔偿责任。

第七节 法人或者其他组织工作人员造成损害的赔偿

法人或者其他组织的法定代表人、负责人以及工作人员，在执行职务中致人损害的，依照民法通则第一百二十一条的规定，由该法人或者其他组织承担民事责任。上述人员实施与职务无关的行为致人损害的，应当由行为人承担赔偿责任。

属于《国家赔偿法》赔偿事由的，依照《国家赔偿法》的规定处理。

第八节 雇主赔偿责任

雇员在从事雇佣活动中致人损害的，雇主应当承担赔偿责任；雇员因故意或者重大过失致人损害的应当与雇主承担连带赔偿责任。雇主承担连带赔偿责任的，可以向雇员追偿。

从事雇佣活动，是指从事雇主授权或者指示范围内的生产经营活动或者其他劳务活动。雇员的行为超出授权范围，但其表现形式是履行职务或者与履行职务有内在联系的，应当认定为"从事雇佣活动"。

承揽人在完成工作过程中对第三人造成损害或者造成自身损害的，定作人不承担赔偿责任。但定作人对定作、指示或者选任有过失的，应当承担相应的赔偿责任。

雇员在从事雇佣活动中遭受人身损害，雇主应当承担赔偿责任。雇佣关系以外的第三人造成雇员人身损害的，赔偿权利人可以请求第三人承担赔偿责任，也可以请求雇主承担赔偿责任。雇主承担赔偿责任后，可以向第三人追偿。

雇员在从事雇佣活动中因安全生产事故遭受人身损害，发包人、分包人知道或者应当知道接受发包或者分包业务的雇主没有相应资质或者安全生产条件的，应当与雇主承担连带赔偿责任。

属于《工伤保险条例》调整的劳动关系和工伤保险范围的，不适用本条规定。

依法应当参加工伤保险统筹的用人单位的劳动者，因工伤事故遭受人身损害，劳动者或者其近亲属向人民法院起诉请求用人单位承担民事赔偿责任的，告知其按《工伤保险条例》的规定处理。

因用人单位以外的第三人侵权造成劳动者人身损害，赔偿权利人请求第三人承担民事赔偿责任的，人民法院应当予以支持。

第九节 义务帮工造成损害的赔偿

为他人无偿提供劳务的帮工人，在从事帮工活动中致人损害的，被帮工人应当承担赔偿责任。被帮工人明确拒绝帮工的，不承担赔偿责任。帮工人存在故意或者重大过失，赔偿权利人请求帮工人和被帮工人承担连带责任的，人民法院应予支持。

帮工人因帮工活动遭受人身损害的，被帮工人应当承担赔偿责任。被帮工人明确拒绝帮工的，不承担赔偿责任；但可以在受益范围内予以适当补偿。

帮工人因第三人侵权遭受人身损害的，由第三人承担赔偿责任。第三人不能确定或者没有赔偿能力的，可以由被帮工人予以适当补偿。

第十节 见义勇为造成损害的赔偿

为维护国家、集体或者他人的合法权益而使自己受到人身损害，因没有侵权人、不能确定侵权人或者侵权人没有赔偿能力，赔偿权利人请求受益人在受益范围内予以适当补偿的，人民法院应予支持。

第十一节 所有人或管理人的赔偿

下列情形，适用民法通则第一百二十六条的规定，由所有人或者管理人承担赔偿责任，但能够证明自己没有过错的除外：

（一）道路、桥梁、隧道等人工建造的构筑物因维护、管理瑕疵致人损害的；

（二）堆放物品滚落、滑落或者堆放物倒塌致人损害的；

（三）树木倾倒、折断或者果实坠落致人损害的。

前款第一项情形，因设计、施工缺陷造成损害的，由所有人、管理人与设计、施工者承担连带责任。

第十二节 赔偿费用

一、一般规定

受害人遭受人身损害，因就医治疗支出的各项费用以及因误工减少的收入，包括医疗费、误工费、护理费、交通费、住宿费、住院伙食补助费、必要的营养费，赔偿义务人应当予以赔偿。

受害人因伤致残的，其因增加生活上需要所支出的必要费用以及因丧失劳动能力导致的收入损失，包括残疾赔偿金、残疾辅助器具费、被扶养人生活费，以及因康复护理、继续治疗实际发生的必要的康复费、护理费、后续治疗费，赔偿义务人也应当予以赔偿。

受害人死亡的，赔偿义务人除应当根据抢救治疗情况赔偿本条第一款规定的相关费用外，还应当赔偿丧葬费、被扶养人生活费、死亡补偿费以及受害人亲属办理丧葬事宜支出的交通费、住宿费和误工损失等其他合理费用。

受害人或者死者近亲属遭受精神损害，赔偿权利人向人民法院请求赔偿精神损害抚慰金的，适用《最高人民法院关于确定民事侵权精神损害赔偿责任若干问题的解释》予以确定。

精神损害抚慰金的请求权，不得让予或者继承。但赔偿义务人已经以书面方式承诺给予金钱赔偿，或者赔偿权利人已经向人民法院起诉的除外。

二、医疗费

医疗费根据医疗机构出具的医药费、住院费等收款凭证，结合病历和诊断证明等相关证据确定。赔偿义务人对治疗的必要性和合理性有异议的，应当承担相应的举证责任。

医疗费的赔偿数额，按照一审法庭辩论终结前实际发生的数额确定。器官功能恢复训练所必要的康复费、适当的整容费以及其他后续治疗费，赔偿权利人可以待实际发生后另行起诉。但根据医疗证明或者鉴定结论确定必然发生的费用，可以与已经发生的医疗费一并予以赔偿。

三、误工费

误工费根据受害人的误工时间和收入状况确定。

误工时间根据受害人接受治疗的医疗机构出具的证明确定。受害人因伤致残持续误工的，误工时间可以计算至定残日前一天。

受害人有固定收入的，误工费按照实际减少的收入计算。受害人无固定收入的，按照其最近三年的平均收入计算；受害人不能举证证明其最近三年的平均收入状况的，可以参照受诉法院所在地相同或者相近行业上一年度职工的平均工资计算。

四、护理费

护理费根据护理人员的收入状况和护理人数、护理期限确定。

护理人员有收入的，参照误工费的规定计算；护理人员没有收入或者雇佣护工的，参照当地护工从事同等级别护理的劳务报酬标准计算。护理人员原则上为一人，但医疗机构或者鉴定机构有明确意见的，可以参照确定护理人员人数。

护理期限应计算至受害人恢复生活自理能力时止。受害人因残疾不能恢复生活自理能力的，可以根据其年龄、健康状况等因素确定合理的护理期限，但最长不超过二十年。

受害人定残后的护理，应当根据其护理依赖程度并结合配制残疾辅助器具的情况确定护理级别。

五、交通费

交通费根据受害人及其必要的陪护人员因就医或者转院治疗实际发生的费用计算。交通费应当以正式票据为凭；有关凭据应当与就医地点、时间、人数、次数相符合。

六、住院伙食补助费

住院伙食补助费可以参照当地国家机关一般工作人员的出差伙食补助标准予以确定。

受害人确有必要到外地治疗，因客观原因不能住院，受害人本人及其陪护人员实际发生的住宿费和伙食费，其合理部分应予赔偿。

七、营养费

营养费根据受害人伤残情况参照医疗机构的意见确定。

八、残疾赔偿金

残疾赔偿金根据受害人丧失劳动能力程度或者伤残等级，按照受诉法院所在地上一年度城镇居民人均可支配收入或者农村居民人均纯收入标准，自定残之日起按二十年计算。但六十周岁以上的，年龄每增加一岁减少一年；七十五周岁以上的，按五年计算。

受害人因伤致残但实际收入没有减少，或者伤残等级较轻但造成职业妨害严重影响其劳动就业的，可以对残疾赔偿金作相应调整。

九、残疾辅助器具费

残疾辅助器具费按照普通适用器具的合理费用标准计算。伤情有特殊需要的，可以参照辅助器具配制机构的意见确定相应的合理费用标准。

辅助器具的更换周期和赔偿期限参照配制机构的意见确定。

十、丧葬费

丧葬费按照受诉法院所在地上一年度职工月平均工资标准，以六个月总额计算。

十一、被扶养人生活费

被扶养人生活费根据扶养人丧失劳动能力程度，按照受诉法院所在地上一年度城镇居民人均消费性支出和农村居民人均年生活消费支出标准计算。被扶养人为未成年人的，计算至十八周岁；被扶养人无劳动能力又无其他生活来源的，计算二十年。但六十周岁以上的，年龄每增加一岁减少一年；七十五周岁以上的，按五年计算。

被扶养人是指受害人依法应当承担扶养义务的未成年人或者丧失劳动能力又无其他生活来源的成年近亲属。被扶养人还有其他扶养人的，赔偿义务人只赔偿受害人依法应当负担的部分。被扶养人有数人的，年赔偿总额累计不超过上一年度城镇居民人均消费性支出额或者农村居民人均年生活消费支出额。

十二、死亡赔偿金

死亡赔偿金按照受诉法院所在地上一年度城镇居民人均可支配收入或者农村居民人均纯收入标准，按二十年计算。但六十周岁以上的，年龄每增加一岁减少一年；七十五周岁以上的，按五年计算。

赔偿权利人举证证明其住所地或者经常居住地城镇居民人均可支配收入或者农村居民人均纯收入高于受诉法院所在地标准的，残疾赔偿金或者死亡赔偿金可以按照其住所地或者经常居住地的相关标准计算。

被扶养人生活费的相关计算标准，依照前款原则确定。

人民法院应当按照民法通则第一百三十一条以及本解释第二条的规定，确定第十九条至第二十九条各项财产损失的实际赔偿金额。

十三、精神损害抚慰金

物质损害赔偿金与精神损害抚慰金，原则上应当一次性给付。

超过确定的护理期限、辅助器具费给付年限或者残疾赔偿金给付年限，赔偿权利人向人民法院起诉请求继续给付护理费、辅助器具费或者残疾赔偿金的，人民法院应予受理。赔偿权利人确需继续护理、配制辅助器具，或者没有劳动能力和生活来源的，人民法院应当判令赔偿义务人继续给付相关费用五至十年。

赔偿义务人请求以定期金方式给付残疾赔偿金、被扶养人生活费、残疾辅助器具费的，应当提供相应的担保。人民法院可以根据赔偿义务人的给付能力和提供担保的情况，确定以定期金方式给付相关费用。但一审法庭辩论终结前已经发生的费用、死亡赔偿金以及精神损害抚慰金，应当一次性给付。

人民法院应当在法律文书中明确定期金的给付时间、方式以及每期给付标准。执行期间有关统计数据发生变化的，给付金额应当适时进行相应调整。

第十五章

石油企业劳动争议仲裁法律事务

石油企业在勘探开发领域不仅存在大量工程技术施工队伍，也存在大量季节性临时用工，如何更好地维护这部分员工的合法权益，稳定季节工队伍，提升季节工素质，对于确保石油企业和谐、稳定、可持续发展具有十分重要的意义。

第一节 劳动争议仲裁的范围及原则

一、仲裁范围

用人单位与劳动者发生的下列劳动争议，均属劳动争议仲裁范围：

（一）因确认劳动关系发生的争议；

（二）因订立、履行、变更、解除和终止劳动合同发生的争议；

（三）因除名、辞退和辞职、离职发生的争议；

（四）因工作时间、休息休假、社会保险、福利、培训以及劳动保护发生的争议；

（五）因劳动报酬、工伤医疗费、经济补偿或者赔偿金等发生的争议；

（六）法律、法规规定的其他劳动争议。

二、解决劳动争议的原则

1. 着重调解的原则

根据事实，遵循合法、公正、及时、着重调解的原则，依法保护当事人的合法权益。

2. 协商和解的原则

发生劳动争议，劳动者可以与用人单位协商，也可以请工会或者第三方共同与用人单位协商，达成和解协议。

3. 及时申请仲裁或诉讼的原则

发生劳动争议，当事人不愿协商、协商不成或者达成和解协议后不履行的，可以向调解组织申请调解；不愿调解、调解不成或者达成调解协议后不履行的，可以向劳动争议仲裁委员会申请仲裁；对仲裁裁决不服的，除本法另有规定的外，可以向人民法院提起诉讼。

4. 劳动行政部门依法处理的原则

用人单位违反国家规定，拖欠或者未足额支付劳动报酬，或者拖欠工伤医疗费、经济补偿或者赔偿金的，劳动者可以向劳动行政部门投诉，劳动行政部门应当依法处理。

第二节 举证责任与代表人调解、仲裁或诉讼

一、举证责任

发生劳动争议，当事人对自己提出的主张，有责任提供证据。与争议事项有关的证据属于用人单位掌握管理的，用人单位应当提供；用人单位不提供的，应当承担不利后果。

二、代表人调解、仲裁或诉讼

发生劳动争议的劳动者一方在十人以上，并有共同请求的，可以推举代表参加调解、仲裁或者诉讼活动。

第三节 劳动争议的调解程序

一、调解机构

发生劳动争议，当事人可以到下列调解组织申请调解：

（一）企业劳动争议调解委员会；

（二）依法设立的基层人民调解组织；

（三）乡镇、街道设立的具有劳动争议调解职能的组织。

二、调解机构的人员组成

企业劳动争议调解委员会由职工代表和企业代表组成。职工代表由工会成员担任或者由全体职工推举产生，企业代表由企业负责人指定。企业劳动争议调解委员会主任由工会成员或者双方推举的人员担任。

劳动争议调解组织的调解员应当由公道正派、联系群众、热心调解工作，并具有一定法律知识、政策水平和文化水平的成年公民担任。

三、调解申请

当事人申请劳动争议调解可以书面申请，也可以口头申请。口头申请的，调解组织应当当场记录申请人基本情况、申请调解的争议事项、理由和时间。

四、调解方式

调解劳动争议，应当充分听取双方当事人对事实和理由的陈述，耐心疏导，帮助其达成协议。

五、调解协议书的内容及效力

经调解达成协议的，应当制作调解协议书。

调解协议书由双方当事人签名或者盖章，经调解员签名并加盖调解组织印章后生效，对双方当事人具有约束力，当事人应当履行。

六、未达成调解协议的后果

自劳动争议调解组织收到调解申请之日起十五日内未达成调解协议的，当事人可以依法申请仲裁。

七、不履行调解协议的后果

达成调解协议后，一方当事人在协议约定期限内不履行调解协议的，另一方当事人可以依法申请仲裁。

八、申请支付令的条件

因支付拖欠劳动报酬、工伤医疗费、经济补偿或者赔偿金事项达成调解协议，用人单位在协议约定期限内不履行的，劳动者可以持调解协议书依法向人民法院申请支付令。人民法院应当依法发出支付令。

第四节　仲裁的一般规定

一、劳动争议仲裁委员会的设立

劳动争议仲裁委员会按照统筹规划、合理布局和适应实际需要的原则设立。省、自治区人民政府可以决定在市、县设立；直辖市人民政府可以决定在区、县设立。直辖市、设区的市也可以设立一个或者若干个劳动争议仲裁委员会。劳动争议仲裁委员会不按行政区划层层设立。

国务院劳动行政部门依照本法有关规定制定仲裁规则。省、自治区、直辖市人民政府劳动行政部门对本行政区域的劳动争议仲裁工作进行指导。

二、劳动争议仲裁委员会的人员组成及职责

劳动争议仲裁委员会由劳动行政部门代表、工会代表和企业方面代表组成。劳动争议仲裁委员会组成人员应当是单数。

劳动争议仲裁委员会依法履行下列职责：

（一）聘任、解聘专职或者兼职仲裁员；

（二）受理劳动争议案件；

（三）讨论重大或者疑难的劳动争议案件；

（四）对仲裁活动进行监督。

劳动争议仲裁委员会下设办事机构，负责办理劳动争议仲裁委员会的日常工作。

三、仲裁员的任职条件

劳动争议仲裁委员会应当设仲裁员名册。

仲裁员应当公道正派并符合下列条件之一：

（一）曾任审判员的；

（二）从事法律研究、教学工作并具有中级以上职称的；

（三）具有法律知识、从事人力资源管理或者工会等专业工作满五年的；

（四）律师执业满三年的。

四、劳动争议的管辖

劳动争议仲裁委员会管辖本区域内发生的劳动争议。

劳动争议由劳动合同履行地或者用人单位所在地的劳动争议仲裁委员会管辖。双方当事人分别向劳动合同履行地和用人单位所在地的劳动争议仲裁委员会申请仲裁的，由劳动合同履行地的劳动争议仲裁委员会管辖。

五、劳动争议的当事人

发生劳动争议的劳动者和用人单位为劳动争议仲裁案件的双方当事人。

劳务派遣单位或者用工单位与劳动者发生劳动争议的，劳务派遣单位和用工单位为共同当事人。

与劳动争议案件的处理结果有利害关系的第三人，可以申请参加仲裁活动或者由劳动争议仲裁委员会通知其参加仲裁活动。

六、劳动争议的委托代理人

当事人可以委托代理人参加仲裁活动。委托他人参加仲裁活动，应当向劳动争议仲裁委员会提交有委托人签名或者盖章的委托书，委托书应当载明委托事项和权限。

丧失或者部分丧失民事行为能力的劳动者，由其法定代理人代为参加仲裁活动；无法定代理人的，由劳动争议仲裁委员会为其指定代理人。劳动者死亡的，由其近亲属或者代理人参加仲裁活动。

第五节 劳动争议仲裁时效及申请

一、仲裁原则

劳动争议仲裁公开进行，但当事人协议不公开进行或者涉及国家秘密、商业秘密和个人隐私的除外。

二、劳动争议申请仲裁的时效

1. 最短时效

劳动争议申请仲裁的时效期间为一年。仲裁时效期间从当事人知道或者应当知道其权利被侵害之日起计算。

2. 时效中断或中止

前款规定的仲裁时效，因当事人一方向对方当事人主张权利，或者向有关部门请求权利救济，或者对方当事人同意履行义务而中断。从中断时起，仲裁时效期间重新计算。

因不可抗力或者有其他正当理由，当事人不能在本条第一款规定的仲裁时效期间申请仲裁的，仲裁时效中止。从中止时效的原因消除之日起，仲裁时效期间继续计算。

3. 不受最短时效限制的规定

劳动关系存续期间因拖欠劳动报酬发生争议的，劳动者申请仲裁可以不受本条第一款规定的仲裁时效期间的限制；但是，劳动关系终止的，应当自劳动关系终止之日起一年内提出。

三、仲裁申请书

申请人申请仲裁应当提交书面仲裁申请，并按照被申请人人数提交副本。

仲裁申请书应当载明下列事项：

（一）劳动者的姓名、性别、年龄、职业、工作单位和住所，用人单位的名称、住所和法定代表人或者主要负责人的姓名、职务；

（二）仲裁请求和所根据的事实、理由；

（三）证据和证据来源、证人姓名和住所。

书写仲裁申请确有困难的，可以口头申请，由劳动争议仲裁委员会记入笔录，并告知对方当事人。

四、仲裁申请的受理

劳动争议仲裁委员会收到仲裁申请之日起五日内，认为符合受理条件的，应当受理，并通知申请人；认为不符合受理条件的，应当书面通知申请人不予受理，并说明理由。对劳动争议仲裁委员会不予受理或者逾期未作出决定的，申请人可以就该劳动争议事项向人民法院提起诉讼。

五、仲裁申请的送达

劳动争议仲裁委员会受理仲裁申请后，应当在五日内将仲裁申请书副本送达被申请人。

被申请人收到仲裁申请书副本后，应当在十日内向劳动争议仲裁委员会提交答辩书。劳动争议仲裁委员会收到答辩书后，应当在五日内将答辩书副本送达申请人。被申请人未提交答辩书的，不影响仲裁程序的进行。

第六节 开庭和裁决

一、仲裁庭的组成

劳动争议仲裁委员会裁决劳动争议案件实行仲裁庭制。仲裁庭由三名仲裁员组成，设首席仲裁员。简单劳动争议案件可以由一名仲裁员独任仲裁。

劳动争议仲裁委员会应当在受理仲裁申请之日起五日内将仲裁庭的组成情况书面通知当事人。

二、仲裁员的回避

仲裁员有下列情形之一，应当回避，当事人也有权以口头或者书面方式提出回避申请：

（一）是本案当事人或者当事人、代理人的近亲属的；

（二）与本案有利害关系的；

（三）与本案当事人、代理人有其他关系，可能影响公正裁决的；

（四）私自会见当事人、代理人，或者接受当事人、代理人的请客送礼的。

劳动争议仲裁委员会对回避申请应当及时作出决定，并以口头或者书面方式通知当事人。

三、仲裁员的解聘

仲裁员有本法第三十三条第四项规定情形，或者有索贿受贿、徇私舞弊、枉法裁决行为的，应当依法承担法律责任。劳动争议仲裁委员会应当将其解聘。

四、仲裁开庭或延期开庭

仲裁庭应当在开庭五日前，将开庭日期、地点书面通知双方当事人。

当事人有正当理由的，可以在开庭三日前请求延期开庭。是否延期，由劳动争议仲裁委员会决定。

五、视为撤回申请或可以缺席判决的情形

申请人收到书面通知，无正当理由拒不到庭或者未经仲裁庭同意中途退庭的，可以视为撤回仲裁申请。

被申请人收到书面通知，无正当理由拒不到庭或者未经仲裁庭同意中途退庭的，可以缺席裁决。

六、仲裁鉴定

仲裁庭对专门性问题认为需要鉴定的，可以交由当事人约定的鉴定机构鉴定；当事人没有约定或者无法达成约定的，由仲裁庭指定的鉴定机构鉴定。

根据当事人的请求或者仲裁庭的要求，鉴定机构应当派鉴定人参加开庭。当事人经仲裁庭许可，可以向鉴定人提问。

七、仲裁质证和辩论

当事人在仲裁过程中有权进行质证和辩论。质证和辩论终结时，首席仲裁员或者独任仲裁员应当征询当事人的最后意见。

八、仲裁证据的认定及拒不提供证据的后果

当事人提供的证据经查证属实的，仲裁庭应当将其作为认定事实的根据。

劳动者无法提供由用人单位掌握管理的与仲裁请求有关的证据，仲裁庭可以要求用人单位在指定期限内提供。用人单位在指定期限内不提供的，应当承担不利后果。

九、仲裁笔录

仲裁庭应当将开庭情况记入笔录。当事人和其他仲裁参加人认为对自己陈述的记录有遗漏或者差错的，有权申请补正。如果不予补正，应当记录该申请。

笔录由仲裁员、记录人员、当事人和其他仲裁参加人签名或者盖章。

十、申请仲裁后的和解

当事人申请劳动争议仲裁后，可以自行和解。达成和解协议的，可以撤回仲裁申请。

十一、裁决前的先行调解

仲裁庭在作出裁决前，应当先行调解。

调解达成协议的，仲裁庭应当制作调解书。

调解书应当写明仲裁请求和当事人协议的结果。调解书由仲裁员签名，加盖劳动争议仲裁委员会印章，送达双方当事人。调解书经双方当事人签收后，发生法律效力。

十二、仲裁裁决的期限

调解不成或者调解书送达前，一方当事人反悔的，仲裁庭应当及时作出裁决。

仲裁庭裁决劳动争议案件，应当自劳动争议仲裁委员会受理仲裁申请之日起四十五日内结束。案情复杂需要延期的，经劳动争议仲裁委员会主任批准，可以延期并书面通知当事人，但是延长期限不得超过十五日。逾期未作出仲裁裁决的，当事人可以就该劳动争议事项向人民法院提起诉讼。

仲裁庭裁决劳动争议案件时，其中一部分事实已经清楚，可以就该部分先行裁决。

十三、先予执行

仲裁庭对追索劳动报酬、工伤医疗费、经济补偿或者赔偿金的案件，根据当事人的申请，可以裁决先予执行，移送人民法院执行。

仲裁庭裁决先予执行的，应当符合下列条件：

（一）当事人之间权利义务关系明确；

（二）不先予执行将严重影响申请人的生活。

劳动者申请先予执行的，可以不提供担保。

十四、仲裁裁决的作出

裁决应当按照多数仲裁员的意见作出，少数仲裁员的不同意见应当记入笔录。仲裁庭不能形成多数意见时，裁决应当按照首席仲裁员的意见作出。

裁决书应当载明仲裁请求、争议事实、裁决理由、裁决结果和裁决日期。裁决书由仲裁员签名，加盖劳动争议仲裁委员会印章。对裁决持不同意见的仲裁员，可以签名，也可以不签名。

十五、属于终局裁决的情形

下列劳动争议，除本法另有规定的外，仲裁裁决为终局裁决，裁决书自作出之日起发生法律效力：

（一）追索劳动报酬、工伤医疗费、经济补偿或者赔偿金，不超过当地月最低工资标准十二个月金额的争议；

（二）因执行国家的劳动标准在工作时间、休息休假、社会保险等方面发生的争议。

第七节 不服仲裁裁决的处理

一、可以提起诉讼的条件

劳动者对仲裁庭作出的追索劳动报酬、工伤医疗费、经济补偿或者赔偿金，不超过当地月最低工资标准十二个月金额的争议的仲裁裁决，以及因执行国家劳动标准在工作时间、休息休假、社会保险等方面发生争议的裁决不服的，可以自收到仲裁裁决书之日起十五日内向人民法院提起诉讼。

当事人对前款规定以外的其他劳动争议案件的仲裁裁决不服的，可以自收到仲裁裁决书之日起十五日内向人民法院提起诉讼；期满不起诉的，裁决书发生法律效力。

二、可以申请撤销裁决的情形

用人单位有证据证明本法第四十七条规定的仲裁裁决有下列情形之一，可以自收到仲裁裁决书之日起三十日内向劳动争议仲裁委员会所在地的中级人民法院申请撤销裁决：

（一）适用法律、法规确有错误的；

（二）劳动争议仲裁委员会无管辖权的；

（三）违反法定程序的；

（四）裁决所根据的证据是伪造的；

（五）对方当事人隐瞒了足以影响公正裁决的证据的；

（六）仲裁员在仲裁该案时有索贿受贿、徇私舞弊、枉法裁决行为的。

人民法院经组成合议庭审查核实裁决有前款规定情形之一的，应当裁定撤销。

仲裁裁决被人民法院裁定撤销的，当事人可以自收到裁定书之日起十五日内就该劳动争议事项向人民法院提起诉讼。

第八节 仲裁裁决的执行及收费

当事人对发生法律效力的调解书、裁决书，应当依照规定的期限履行。一方当事人逾期不履行的，另一方当事人可以依照民事诉讼法的有关规定向人民法院申请执行。受理申请的人民法院应当依法执行。

劳动争议仲裁不收费。劳动争议仲裁委员会的经费由财政予以保障。

第十六章

石油企业涉及的保险法律事务

石油企业的勘探开发行为涉及面广，所用设备、人员庞大而复杂，为确保重要设备设施及人员安全，必须进行必要的保险。

第一节 公众责任保险

一、公众责任险的概念

又称"普通责任保险"或"综合责任保险"。它主要承保被保险人在公共场所进行生产、经营或其他活动时，因发生意外事故而造成的他人人身伤亡或财产损失，依法应由被保险人承担的经济赔偿责任。投保人可就工厂、办公楼、旅馆、住宅、商店、医院、学校、影剧院、展览馆等各种公众活动的场所投保公众责任保险。

二、公众责任险的基本特征

该险所承保的公众责任有两个特征，一是致害人所损害的对象不是事先特定的某个人；二是损害行为对社会大众利益的损害。这种责任属于侵权责任范围。

三、保险公司在公众责任保险中的责任

保险公司在公众责任保险中主要承担两部分责任：一是在被保险人造成他人人身伤亡或财产损失时，依法应承担的经济赔偿责任；二是在责任事故发生后，如果引起法律诉讼，由被保险人承担的相关的诉讼费支付责任。但保险公司的最高赔偿责任不超过保单上所规定的每次事故的赔偿限额或累计赔偿的限额。

四、公众责任保险的种类

由于公众责任保险具有承保场所固定的特点，以此为依据可将公众责任保险分为五种类别：

一是场所责任保险。场所责任保险是公众责任保险中业务量最大的一个险别，它是公众责任保险的主要业务来源。根据场所的不同，它又可以进一步分为旅馆责任保险、电梯责任保险、车库责任保险、展览会责任保险、娱乐场所责任保险（如公园、动物园、影剧院、溜冰场、游乐场、青少年宫、俱乐部等）、商店责任保险、办公楼责任保险、学校责任保险、中华人民共和国刑法第一百三十五条规定：机场责任保险等若干具体险种。场所责

任保险的承保方式通常是在普通公众责任保险单的基础上，加场所责任保险条款独立承保，但也可以设计专门的场所责任保险合同予以承保。

二是电梯责任保险。电梯责任保险承保被保险人所有、使用或管理的电梯（包括电梯、液压电梯、自动扶梯和自动人行道），在运行过程中发生意外事故造成第三者的人身伤亡或财产损失，依法应由被保险人承担的赔偿责任。

三是承包人责任保险。承包人责任保险承保的是各种建筑工程、安装工程、装卸作业和各类加工的承包人在进行承包合同项下的工程或其他作业时所造成的损害赔偿责任。承包人是指承包各种建筑工程、安装工程、装卸作业以及承揽加工、订做、修缮、修理、印刷、设计、测绘、测试、广告等业务的法人或自然人。

四是承运人责任保险。承运人责任保险是指专门承保承担各种客、货运输任务的部门或个人在运输过程中可能发生的损害赔偿责任，主要包括旅客责任保险、货物运输责任保险等险种。

五是个人责任保险。个人责任保险主要承保私人住宅及个人在日常生活中所造成的损害赔偿责任。任何个人或家庭都可以将自己或自己的所有物（动物或静物）或能造成损害他人利益的责任风险通过投保个人责任险而转移给保险人。主要的个人责任保险有住宅责任保险、综合个人保险和个人职业保险等。

五、公众责任险的特点

随着我国法律制度的逐步健全，机关、企事业单位及个人在经济活动过程中常常因疏忽或意外事故造成他人人身伤亡或财产损失，依照法律须承担一定的经济赔偿责任，伴随着公众索赔意识的增强，此类索赔逐渐增多，影响当事人经济利益及正常经营活动的顺利进行。公众责任险正是为适应上述机关、企事业单位及个人转嫁这种风险的需要而产生的。具体特点如下：

一是保险标的无形。该险种的保险标的是被保险人的法律责任，为无形标的。

二是适用范围较广。该险种可适用于工厂、办公楼、旅馆、住宅、商店、医院、学校、影剧院、展览馆等各种公众活动的场所。

三是表现形式丰富。表现形式丰富主要有普通责任、综合责任、场所责任、电梯责任、承包人责任等，我国则主要表现为场所公众责任。

六、公众责任保险的基本内容

一是适用对象。适用对象主要适用于工厂、商店、办公室、旅馆、公共娱乐场、住宅、建筑安装公司、运输部门等各种不同对象。

二是保险标的。公众责任保险以固定场所和规定区域内，因生产经营活动或日常生活中对社会公众造成损害事故应承担的法律赔偿责任为保险标的。

三是责任范围。公众责任保险的保险责任分为两大项：

被保险人依法应承担对第三者人身伤害或财产损失的经济赔偿责任；

被保险人因发生损害事故应支付的诉讼等法律费用，以及保险人事先同意支付的费用。

七、公众责任保险的除外责任

不能在公众责任保险承保的风险，是指这类风险虽然不能在公众责任保险中承保，但可以在其他保险承保的除外责任。如被保险人可以投保雇主责任保障；被保险人及其雇员、家属所有或照管、控制的财产损失不属公众责任保险负责，但可投保普通财产保险等等；

经过附加承保的风险，这类除外责任，通过加批加费可以承保。如经过特别约定的违约责任、火灾爆炸责任保险、精神损害责任等。

八、公众责任保险期限

保险责任期限以年度为限，一般为一年期或不足一年的短期。

九、赔偿限额和免赔额

赔偿限额。制定公众责任保险赔偿限额的方法有三种：

规定每次事故的混合限额。无分项限额，也无累计限额，只控制每次事故主的财产损失和人身伤害两项损失之和的最高限额，它对整个保险期内的赔偿总额无影响。

规定每次事故的分项限额和累计限额，即确定每次事故人身伤害和财产损失各自的赔偿限额，又确定保险期内累计赔偿限额。

规定每次事故的混合赔偿限额和累计赔偿限额，现行公众责任保险一般采用第一种方法，但也可以根据具体情况采用第二种或第三种方法确定

赔偿限额。

免赔额。免赔额是保险的免责限度。公众责任保险对他人的人身伤害无免赔额的规定，但对他人的财产损失则一般规定每次事故的绝对免赔额。

十、保险费率

公众责任保险一般无固定费率表，而是根据每笔业务被保险人的风险情况逐笔议订费率，从而保证费率与保险人所承担的风险相适应。公众责任保险的费率按照保险期限不同，一般分为 1 年期费率和短期费率。如果赔偿限额和免赔额增减时，费率也适当增减。

第二节 雇主责任保险

一、雇主责任保险概念

雇主责任保险是指被保险人所雇佣的员工在受雇过程中，从事与被保险人经营业务有关的工作而遭受意外或患与业务有关的国家规定的职业性疾病，所致伤、残或死亡，被保险人根据《中华人民共和国劳动法》及劳动合同应承担的医药费用及经济赔偿责任，由中国人民财产保险股份有限公司在规定的赔偿限额内负责赔偿的一种保险。三资企业、私人企业、国内股份制公司，国有企业、事业单位、集体企业以及集体或个人承包的各类企业都可为其所聘用的员工投保雇主责任险。

二、国内雇主责任保险对象

三资企业、私营企业、国内股份制公司，国有企业、事业单位、集体企业以及集体或个人承包的各类企业都可为其所聘用员工（包括正式在册职工、短期工、临时工、季节工和徒工），依照本条款的规定向中国人民保险公司（以下称保险人）投保国内雇主责任保险。

国内雇主责任保险单所称"所聘用员工"是指在一定或不定期限内，接受被保险人给付薪金工资而服劳务，年满十六岁的人员以及其他按国家规定和法定途径审批的特殊人员。

三、保险责任范围

凡被保险人所聘用的员工，于国内雇主责任保险有效期内，在受雇过程中（包括上下班途中），从事与国内雇主责任保险单所载明的被保险人的业务工作而遭受意外或患与业务有关的国家规定的职业性疾病 所致伤、残或死亡，对被保险人根据劳动合同和中华人民共和国法律、法规，须承担的医疗费及经济赔偿责任，保险人依据国内雇主责任保险单的规定，在约定的赔偿限额内予以赔付。

对被保险人应付索赔人的诉讼费用以及经保险人书面同意负责的诉讼费用及其他费用，保险人亦负责在约定的分项赔偿限额内赔偿。

在国内雇主责任保险期限内，保险人对国内雇主责任保险单项下的各项赔偿的最高赔偿责任之和不得超过国内雇主责任保险单明细表中列明的累计赔偿限额。

四、责任免除

保险人对下列各项不负赔偿责任：

（一）战争、军事行动、罢工、暴动、民众骚乱或由于核辐射所致被保险人所聘用员工伤残、死亡或疾病；

（二）被保险人所聘用员工由于职业性疾病以外的疾病、传染病、分娩、流产以及因这些疾病而施行内外科治疗手术所致的伤残或死亡；

（三）由于被保险人所聘用员工自加伤害、自杀、违法行为所致的伤残或死亡；

（四）被保险人所聘用员工因非职业原因而受酒精或药剂的影响所发生的伤残或死亡；

（五）被保险人的故意行为或重大过失；

（六）除有特别规定外，被保险人对其承包商所聘用员工的责任；

（七）除有特别规定外，在中华人民共和国境外所发生的被保险人所聘用员工的伤残或死亡；

（八）直接或间接因计算机 2000 年问题造成的损失；

（九）其他不属于保险责任范围内的损失和费用。

五、赔偿限额

保险人按照与被保险人约定的限额对被保险人所聘用员工发生保险责

任范围内的事故造成的损失予以赔偿。

六、保险费

保险人按照被保险人具体的风险情况参照费率表确定具体适用的费率，以赔偿限额乘以费率计算出被保险人应交纳的保险费。

七、保险期限

保险期限为一年，自起保日的零时起到期满日的二十四时止。期满时，另办理续保手续。

八、赔偿处理

被保险人在向保险人申请赔偿时，应提交保险单、有关事故证明书、保险人认可的医疗机构出具的医疗证明、医疗费等费用的原始单据及保险人认为必要的有效单证材料。保险人应当迅速审定核实，保险赔款金额一经保险合同双方确认，保险人应当在十日内一次支付赔款结案。

在保险有效期内，发生保险责任范围内的事件，保险人根据被保险人提供的雇员名册，对发生伤、残、亡的雇员按下列标准赔偿：

（一）死亡、永久丧失全部/部分工作能力：按保单所附伤残赔偿额度表规定的百分比乘以出险员工的死亡、伤残赔偿限额赔付。

（二）暂时丧失工作能力超过五天（不包括五天）的，在此期间，经医院证明，每人/天按当地政府公布的最低生活标准赔偿工伤津贴，工伤医疗期满或确定伤残程度后停发，最长不超过1年。如经过医疗机构诊断确定为永久丧失全部/部分工作能力，按(一)款确定赔付金额，与应付工伤津贴合并在赔偿限额内予以赔偿。

（三）医疗费用：

保险人赔偿包括挂号费、治疗费、手术费、床位费、检查费（以300元为限）、非自费药费部分。不承担陪护费、伙食费、营养费、交通费、取暖费、空调费及安装假肢、假牙、假眼和残疾用具费用。除紧急抢救外，受伤员工均应在县级以上医院或政府有关部门或承保公司指定的医院就诊。

保险人对被保险人所聘用员工个人的上述各项赔偿金额，不得超过被保险人依法或劳动合同应承担的责任，最高不超过国内雇主责任保险单规定的每人的各项赔偿金额。

死亡和伤残赔偿不得兼得，且与医疗费用限额不能相互调剂使用。

在发生国内雇主责任保险单项下的索赔时，若另有其他保障性责相同的保险存在，不论该保险赔偿与否，保险人对医疗费、工伤津贴、诉讼费用仅负比例赔偿责任；当实际保障人数超过投保人数时，保险人应按比例对被保险人所聘用员工进行赔偿。

索赔期限，从发生事故之日起算，不超过两年。

九、被保险人义务

在投保时，被保险人及其代表应对投保申请书中的事项以及保险人提出的其他事项作出真实、详尽的说明或描述。

被保险人应当按照约定及时缴纳保险费。

被保险人应加强对其经营业务的安全管理，严格执行有关劳动保护条例，防止伤害事故发生；一旦发生事故，应采取一切合理措施减少损失。

如果投保单、保险单明细表中保险事项发生变化，被保险人或其代表应在五天内以书面形式通知保险人，并根据保险人要求调整保费，否则对由此发生的损失不负赔偿责任。

一旦发生国内雇主责任保险单所承保的任何事故，被保险人或其代表应：

（一）立即通知保险人，并在七天或经保险人书面同意延长的期限内以书面报告提供事故发生的经过、原因和损失程度，并协助保险人进行调查核实；

（二）在未经保险人同意，被保险人或其代表自行对索赔事项作出的承诺、提议或付款的表示，保险人概不负责；

（三）在预知可能引起诉讼时，立即以书面形式通知保险人，并在接到法院传票或其他法律文件后，立即将其送交保险人；保险人有权以被保险人名义进行诉讼、追偿，被保险人应全力协助。

被保险人如不履行第十二条至第十六条规定的任一项义务，保险人有权拒绝赔偿，或者从书面通知之日起解除保险合同。

十、保单效力

被保险人严格遵守和履行国内雇主责任保险单的各项规定，是保险人在国内雇主责任保险单项下承担赔偿责任的先决条件；

十一、保单终止

国内雇主责任保险单在被保险人丧失保险利益后自动终止，保险人将按日比例退还被保险人国内雇主责任保险单项下未到期部分的保险费。

十二、保单注销

被保险人可随时书面申请终止国内雇主责任保险单，对未满期的保险费，保险人依照短期费率的规定返还被保险人；保险人也可提前十五天书面通知被保险人终止国内雇主责任保险单，对未满期间的保险费，保险人依照全年保险费按日比例返还被保险人；

十三、权益丧失

如果任何索赔含有虚假成分，或被保险人或其代表在索赔时采取欺诈手段企图在保险单项下获取利益，或任何损失是由被保险人或其代表的故意行为或纵容所致，被保险人将丧失其在国内雇主责任保险单项下此次索赔的所有权益。对由此产生的包括本公司已支付的赔款在内的一切损失，应由被保险人负责赔偿。

十四、权益转让

若国内雇主责任保险单项下负责的损失涉及其他责任方时，不论保险人是否已赔偿被保险人，被保险人应立即采取一切必要的措施行使或保留向该责任方索赔的权利。

在保险人支付赔款后，被保险人应将向该责任方追偿的权利转让给保险人，移交一切必要的单证，并协助保险人向责任方追偿。

十五、争议处理

被保险人和保险人之间的一切有关国内雇主责任保险的争议，应通过协商解决。如果协商不成，可按仲裁协议申请仲裁或向法院提出诉讼。除事先特别约定外，诉讼应在被告所在地进行。

十六、司法管辖

国内雇主责任保险单的司法管辖为中华人民共和国司法管辖。

第三节　涉外雇主责任险

一、责任范围

凡被保险人所雇用的员工；在国内雇主责任保险有效期内，在受雇过程中，从事国内雇主责任保险单所载明的被保险人的业务有关工作时，遭受意外而致受伤、死亡或患与业务有关的职业性疾病，所致伤残或死亡，被保险人根据雇用合同，须负医药费及经济赔偿责任，包括应支出的诉讼费用，保险公司负责赔偿。

上述被保险人所雇用的员工包括短期工、临时工、季节工和徒工。

二、赔偿额度

死亡：最高赔偿额度按保单规定办理。

伤残：永久丧失全部工作能力：最高赔偿额度按保单规定办理。永久丧失部分工作能力：最高赔偿额度按受伤部位及程度，参照本保单所附赔偿金额表规定的百分率乘以保单规定的赔偿额度。暂时丧失工作能力超过五天的，在此期间，经医生证明，按被雇人员的工资给予赔偿。

三、赔偿责任限制

保险公司对上述各项总的赔偿金额，最高不超过本保单规定的赔偿限额。

被雇人员的月工资是按事故发生之日或经医生证明发生疾病之日该人员的前十二个月的平均工资。不足十二个月按实际月数平均。

四、除外责任

战争、类似战争行为、叛乱、罢工、暴动或由于核辐射所致的被雇人员伤残、死亡或疾病。

被雇人员由于疾病、传染病、分娩、流产以及因这些疾病而施行内外科治疗手术所至的伤残或死亡。

由于被雇人员自加伤害、自杀、犯罪行为、酗酒及无照驾驶各种机动车辆所致的伤残或死亡。

被保险人的故意行为或重大过失。

被保险人对其承包商雇用的员工的责任。

五、保险费

在订立国内雇主责任保险单时，根据被保险人估计，在国内雇主责任保险单有效期内付给其雇用人员工资/薪金、加班费、奖金及其他津贴的总数，计算预付保险费。在国内雇主责任保险单到期后的一个月内，被保险人应提供国内雇主责任保险单有效期间实际付出的工资/薪金、加班费、奖金及其他津贴的确数，凭以调整支付保险费。预付保险费多退少补。

被保险人必须将每一雇用人员的姓名及其工资/薪金、加班费、奖金及其他津贴妥为记录，并同意保险公司查阅。

六、赔款

如发生国内雇主责任保险单承保责任范围的事故，被保险人应迅速将详细情况通知保险公司。

在未经本公司同意前，被保险人或其代表对索赔事项不能作承认、提议或付款的表示。保险公司有权以被保险人名义进行诉讼、追偿，被保险人应全力协助。

在发生国内雇主责任保险单项下的索赔时，如同时又有承保同样责任的其他保险，保险公司对有关赔款及费用仅负比例赔偿责任。

索赔期限，从发生事故之日起算，不超过一年。

七、其他事项

被保险人应对其经营的业务，采取合理措施，以防止意外事故及疾病发生。

被保险人可随时申请取消国内雇主责任保险单，保险公司也可在十五天前通知被保险人取消保险单。保险费照上述四项调整，按日计算退费。

被保险人和保险公司发生争议，如经协商不能解决时，应在被告人所在地进行仲裁或诉讼。

八、投保指南

明确转移何种风险。投保前首先应明确其业务性质、产品、需要购买何种保险及需要购买多大的保险保障。

与保险公司联系。

阅读条款，填投保单。投保前要认真阅读条款并认真、正确填写投保单。其中要确定每次限额、累计限额、每次事故财产损失免赔额、地域范围、司法管辖权和扩展条款的选择。

资料要真实。向保险公司提供的资料要真实可靠，同时对于与风险有关的重大事件和特殊的保险需求要告知保险公司。

九、理赔指南

被保险的员工发生事故时，向保险公司索赔应明确以下几点：

施救要尽力，报案要及时。一旦发生保险责任事故，被保险人或其代表应积极施救，并立即以传真、电话或其他形式通知保险公司，并书面说明事故发生的经过、原因和损失程度；

如果被保险人遇到与保险责任相关的诉讼案件，要及时通知保险公司，必要时，保险公司有权以被保险人的名义接办对任何诉讼的抗辩或索赔的处理；

不随意承诺：

未经保险公司的书面同意，被保险人或其代表对索赔方不得作出任何责任承诺或拒绝、出价、约定、付款或赔偿；

未经保险公司书面同意，被保险人不得接受责任方就有关损失作出的付款或赔偿安排或放弃对责任方的索赔权利；

单证要齐全。向保险公司索赔时，需准备索赔所需的各种单证，如保单正本，事故证明，索赔单据，县级以上医疗单位出具的治疗单据，死亡证明等，法院的诉讼书或仲裁机构的裁决书和其他赔偿文件。

第四节 财产一切险

一、保险财产范围

凡为被保险人所有，或为他人保管、或与他人共有而由被保险人所负责的财产，均可成为国内雇主责任保险单项下的保险标的。

金银、珍珠、钻石、宝石、邮票、古币、古玩、古画、高级艺术作品、电脑资料及现金非经被保险人与保险公司特别约定并在保险单上载明时，不在保险财产范围之内。

有价证券、票据、文件、账册、图纸、枪支弹药、爆炸物品一律不在保险财产范围之内。

二、保险责任

在国内雇主责任保险有效期内，保险财产在国内雇主责任保险单注明的地点由于自然灾害及任何突然和不可预料的事故（除本条款第三条规定者外）造成的损坏或灭失，保险公司均负责赔偿。

三、除外责任

保险公司对下列各项不负赔偿责任：

自然磨损、物质本身变化、自然发热、自燃、鼠咬、虫咬、大气或气候条件或其他逐渐起作用的原因造成财产自身的损失。

进行任何清洁、染色、保养、修理或恢复工作过程中因操作错误或工艺缺陷引起的损失。

电气或机械事故引起的电器设备或机器本身的损失。

政府或当局命令销毁财产的损失。

贬值及发生事故后造成的一切间接后果或损失。

盘点货物时发现的短缺。

堆放在露天以及使用芦席、篷布、茅草、油毛毡做棚顶的罩棚下的保险财产，因遭受风、雨造成的损失。

被保险人或其代表的故意行为或重大过失引起的损失。

明细表中规定应由被保险人自行负担的免赔额。

战争、类似战争行为、敌对行为、武装冲突，罢工、暴动、民众骚动以及政府有关当局没收、征用引起的损失。

直接或间接由于核反应、核辐射和放射性污染引起的损失。

四、赔偿处理

发生国内雇主责任保险单责任范围内的损失事故后，被保险人应立即通知保险公司，并在十四天或经保险公司同意延长的期限内，向保险公司提供详细的书面事故报告及损失清单。

保险财产若遭盗窃，被保险人应保护现场并立即向公安部门报案，追查损失财物，同时应立即通知本公司，并在保险公司认为必要派员进行现场调查时，给予便利。

发生损失后被保险人应采取一切必要的措施将损失减少至最低限度，所支付的合理费用，保险公司可予以偿付，但以不超过受损财产的保额为限。

被保险人要求赔偿时，应提供保险单、损失清单、事故报告、损失证明和其他保险公司认为有必要提供的单证。索赔期限，从保险财产遭受损失之日起，不得超过一年。如发现被保险人提供的任何虚假、欺骗或夸大失实时，保险公司对该项索赔有权拒绝赔偿。

保险财产遭受国内雇主责任保险责任范围内的损失时，应按受损保险财产损失当时的市价计算赔款，其市价低于受损保险财产的保险金额时，按市价赔偿；如其市价高于受损保险财产的保险金额时，则其差额应人为被保险人所自保，保险公司按受损财产的保额与其市价的比例赔偿。若国内雇主责任保险单明细表中所载财产不止一项时，应分项按照本条规定办理。

保险财产发生部分损失时，保险公司可按损失程度赔付现金或赔付基本上修复原状的合理的修配费用。

保险财产发生损失后，保险公司如按全损赔付，其损失价值应在赔款内扣除。保险公司可以不接受被保险人对受损财产的委付。

任何属于一对或一套组成的财产，如发生损失，保险公司的赔偿责任不得超过该受损财产与所属整对或整套财产保险金额的比例。

赔偿损失后，由保险公司出具批单减少相应部分的保险金额，并不退还保险金额减少部分的保险费。如被保险人要求恢复保险金额，应加缴恢

复部分按日平均计算的保险费。

保险财产的损失应由第三者负责时，被保险人应立即采取一切必要措施行使或保留向第三者追偿的权利。在保险公司支付赔款时，被保险人应将向第三者追偿的权利转让给本公司，向保险公司提供一切所需要的单证，并协助保险公司向责任方进行追偿。

如国内雇主责任保险单所保财产在损失发生时另有其他承保该项财产的保险存在，不论系被保险人或他人所投保，保险公司仅负按照比例分摊损失的责任。

五、其他事项

被保险人应采取合理的预防措施，防止发生意外事故，对保险公司代表提出合理的防损建议应认真考虑并付诸实施。如被保险人拒绝采纳保险公司代表提出合理的防损建议，保险公司对由此而引起的损失有权拒绝赔偿。

保险内容如有变动或承保风险增加时，被保险人应立即书面通知保险公司办理批改手续。否则，保险公司对由变动或风险增加所致的损失概不负责。

被保险人可随时申请注销国内雇主责任保险单；保险公司也可十五天前通知被保险人注销国内雇主责任保险单。对于保险单已生效期间的保险费，前者按保险公司短期费率计算，后者应按日平均计算。

被保险人与保险公司之间一切有关保险的争议应通过友好协商解决。如果协商不成，可申请仲裁机构仲裁或法院审理。除事先另有协议约定外，仲裁或法律诉讼应在被告方所在地。

第五节 机动车交通事故责任强制保险

一、投保人

在中华人民共和国境内道路上行驶的机动车的所有人或者管理人，应当依照《中华人民共和国道路交通安全法》的规定投保机动车交通事故责任强制保险。

二、机动车交通事故责任强制保险内容

所称机动车交通事故责任强制保险，是指由保险公司对被保险机动车发生道路交通事故造成本车人员、被保险人以外的受害人的人身伤亡、财产损失，在责任限额内予以赔偿的强制性责任保险。

公安机关交通管理部门、农业(农业机械)主管部门(以下统称机动车管理部门)应当依法对机动车参加机动车交通事故责任强制保险的情况实施监督检查。对未参加机动车交通事故责任强制保险的机动车，机动车管理部门不得予以登记，机动车安全技术检验机构不得予以检验。

公安机关交通管理部门及其交通警察在调查处理道路交通安全违法行为和道路交通事故时，应当依法检查机动车交通事故责任强制保险的保险标志。

三、保险公司

中资保险公司(以下称保险公司)经保监会批准，可以从事机动车交通事故责任强制保险业务。

为了保证机动车交通事故责任强制保险制度的实行，保监会有权要求保险公司从事机动车交通事故责任强制保险业务。

未经保监会批准，任何单位或者个人不得从事机动车交通事故责任强制保险业务。

四、保险费率

机动车交通事故责任强制保险实行统一的保险条款和基础保险费率。保监会按照机动车交通事故责任强制保险业务总体上不盈利不亏损的原则审批保险费率。

保监会在审批保险费率时，可以聘请有关专业机构进行评估，可以举行听证会听取公众意见。

保险公司的机动车交通事故责任强制保险业务，应当与其他保险业务分开管理，单独核算。

保监会应当每年对保险公司的机动车交通事故责任强制保险业务情况进行核查，并向社会公布；根据保险公司机动车交通事故责任强制保险业务的总体盈利或者亏损情况，可以要求或者允许保险公司相应调整保险费率。

调整保险费率的幅度较大的，保监会应当进行听证。

被保险机动车没有发生道路交通安全违法行为和道路交通事故的，保险公司应当在下一年度降低其保险费率。在此后的年度内，被保险机动车仍然没有发生道路交通安全违法行为和道路交通事故的，保险公司应当继续降低其保险费率，直至最低标准。被保险机动车发生道路交通安全违法行为或者道路交通事故的，保险公司应当在下一年度提高其保险费率。多次发生道路交通安全违法行为、道路交通事故，或者发生重大道路交通事故的，保险公司应当加大提高其保险费率的幅度。在道路交通事故中被保险人没有过错的，不提高其保险费率。降低或者提高保险费率的标准，由保监会会同国务院公安部门制定。

五、投保规定

投保人在投保时应当选择具备从事机动车交通事故责任强制保险业务资格的保险公司，被选择的保险公司不得拒绝或者拖延承保。

保监会应当将具备从事机动车交通事故责任强制保险业务资格的保险公司向社会公示。

投保人投保时，应当向保险公司如实告知重要事项。

重要事项包括机动车的种类、厂牌型号、识别代码、牌照号码、使用性质和机动车所有人或者管理人的姓名(名称)、性别、年龄、住所、身份证或者驾驶证号码(组织机构代码)、续保前该机动车发生事故情况以及保监会规定的其他事项。

签订机动车交通事故责任强制保险合同时，投保人应当一次支付全部保险费；保险公司应当向投保人签发保险单、保险标志。保险单、保险标志应当注明保险单号码、车牌号码、保险期限、保险公司的名称、地址和理赔电话号码。

被保险人应当在被保险机动车上放置保险标志。

保险标志式样全国统一。保险单、保险标志由保监会监制。任何单位或者个人不得伪造、变造或者使用伪造、变造的保险单、保险标志。

签订机动车交通事故责任强制保险合同时，投保人不得在保险条款和保险费率之外，向保险公司提出附加其他条件的要求。

签订机动车交通事故责任强制保险合同时，保险公司不得强制投保人订立商业保险合同以及提出附加其他条件的要求。

保险公司不得解除机动车交通事故责任强制保险合同；但是，投保人对重要事项未履行如实告知义务的除外。

投保人对重要事项未履行如实告知义务，保险公司解除合同前，应当书面通知投保人，投保人应当自收到通知之日起五日内履行如实告知义务；投保人在上述期限内履行如实告知义务的，保险公司不得解除合同。

保险公司解除机动车交通事故责任强制保险合同的，应当收回保险单和保险标志，并书面通知机动车管理部门。

六、投保人解除合同的情形

投保人不得解除机动车交通事故责任强制保险合同，但有下列情形之一的除外：

(一)被保险机动车被依法注销登记的；

(二)被保险机动车办理停驶的；

(三)被保险机动车经公安机关证实丢失的。

机动车交通事故责任强制保险合同解除前，保险公司应当按照合同承担保险责任。

合同解除时，保险公司可以收取自保险责任开始之日起至合同解除之日止的保险费，剩余的保险费退还投保人。

七、保险合同变更

被保险机动车所有权转移的，应当办理机动车交通事故责任强制保险合同变更手续。

八、保险期限

机动车交通事故责任强制保险合同期满，投保人应当及时续保，并提

供上一年度的保险单。

机动车交通事故责任强制保险的保险期间为一年，但有下列情形之一的，投保人可以投保短期机动车交通事故责任强制保险：

(一)境外机动车临时入境的；

(二)机动车临时上道路行驶的；

(三)机动车距规定的报废期限不足一年的；

(四)保监会规定的其他情形。

九、保险赔偿的一般规定

被保险机动车发生道路交通事故造成本车人员、被保险人以外的受害人人身伤亡、财产损失的，由保险公司依法在机动车交通事故责任强制保险责任限额范围内予以赔偿。

道路交通事故的损失是由受害人故意造成的，保险公司不予赔偿。有下列情形之一的，保险公司在机动车交通事故责任强制保险责任限额范围内预先垫付抢救费用，并有权向致害人追偿：

(一)驾驶人未取得驾驶资格或者醉酒的；

(二)被保险机动车被盗抢期间肇事的；

(三)被保险人故意制造道路交通事故的。

有前款所列情形之一，发生道路交通事故的，造成受害人的财产损失，保险公司不承担赔偿责任。

十、赔偿责任限额

机动车交通事故责任强制保险在全国范围内实行统一的责任限额。责任限额分为死亡伤残赔偿限额、医疗费用赔偿限额、财产损失赔偿限额以及被保险人在道路交通事故中无责任的赔偿限额。

机动车交通事故责任强制保险责任限额由保监会会同国务院公安部门、国务院卫生主管部门、国务院农业主管部门规定。

十一、道路交通事故社会救助基金

国家设立道路交通事故社会救助基金(以下简称救助基金)。有下列情形之一的，道路交通事故中受害人人身伤亡的丧葬费用、部分或者全部抢救费用，由救助基金先行垫付，救助基金管理机构有权向道路交通事故责任人追偿：

(一)抢救费用超过机动车交通事故责任强制保险责任限额的;

(二)肇事机动车未依法参加机动车交通事故责任强制保险的;

(三)机动车肇事后逃逸的。

救助基金的来源包括:

(一)按照机动车交通事故责任强制保险的保险费的一定比例提取的资金;

(二)对未按照规定投保机动车交通事故责任强制保险的机动车的所有人、管理人的罚款;

(三)救助基金管理机构依法向道路交通事故责任人追偿的资金;

(四)救助基金孳息;

(五)其他资金。

十二、出险通知

被保险机动车发生道路交通事故,被保险人或者受害人通知保险公司的,保险公司应当立即给予答复,告知被保险人或者受害人具体的赔偿程序等有关事项。

十三、索赔指南

被保险机动车发生道路交通事故的,由被保险人向保险公司申请赔偿保险金。保险公司应当自收到赔偿申请之日起一日内,书面告知被保险人需要向保险公司提供的与赔偿有关的证明和资料。

保险公司应当自收到被保险人提供的证明和资料之日起五日内,对是否属于保险责任作出核定,并将结果通知被保险人;对不属于保险责任的,应当书面说明理由;对属于保险责任的,在与被保险人达成赔偿保险金的协议后10日内,赔偿保险金。

被保险人与保险公司对赔偿有争议的,可以依法申请仲裁或者向人民法院提起诉讼。

保险公司可以向被保险人赔偿保险金,也可直接向受害人赔偿保险金。但是因抢救受伤人员需要保险公司支付或者垫付抢救费用的,保险公司在接到公安机关交通管理部门通知后,经核对应当及时向医疗机构支付或者垫付抢救费用。

因抢救受伤人员需要救助基金管理机构垫付抢救费用的,救助基金管理机构在接到公安机关交通管理部门通知后,经核对应当及时向医疗机构垫

付抢救费用。

医疗机构应当参照国务院卫生主管部门组织制定的有关临床诊疗指南，抢救、治疗道路交通事故中的受伤人员。

保险公司赔偿保险金或者垫付抢救费用，救助基金管理机构垫付抢救费用，需要向有关部门、医疗机构核实有关情况的，有关部门、医疗机构应当予以配合。

保险公司、救助基金管理机构的工作人员对当事人的个人隐私应当保密。道路交通事故损害赔偿项目和标准依照有关法律的规定执行。

十四、法律责任

1. 未经保监会批准，非法从事机动车交通事故责任强制保险业务的，由保监会予以取缔；构成犯罪的

依法追究刑事责任；尚不构成犯罪的，由保监会没收违法所得，违法所得 20 万元以上的，并处违法所得 1 倍以上 5 倍以下罚款；没有违法所得或者违法所得不足 20 万元的，处 20 万元以上 100 万元以下罚款。

2. 保险公司未经保监会批准从事机动车交通事故责任强制保险业务的

由保监会责令改正，责令退还收取的保险费，没收违法所得，违法所得 10 万元以上的，并处违法所得 1 倍以上 5 倍以下罚款；没有违法所得或者违法所得不足 10 万元的，处 10 万元以上 50 万元以下罚款；逾期不改正或者造成严重后果的，责令停业整顿或者吊销经营保险业务许可证。

3. 保险公司违机动车交通事故强制责任保险条例规定，有下列行为之一的

由保监会责令改正，处 5 万元以上 30 万元以下罚款；情节严重的，可以限制业务范围、责令停止接受新业务或者吊销经营保险业务许可证：

(一)拒绝或拖延承保机动车交通事故责任强制保险的；

(二)未按照统一的保险条款和基础保险费率从事机动车交通事故责任强制保险业务的；

(三)未将机动车交通事故责任强制保险业务和其他保险业务分开管理，单独核算的；

(四)强制投保人订立商业保险合同的；

(五)违反规定解除强制保险合同的；

(六)拒不履行约定的赔偿保险金义务的；

(七)未按照规定及时支付或者垫付抢救费用的。

4. 机动车所有人、管理人未按照规定投保机动车交通事故责任强制保险的

由公安机关交通管理部门扣留机动车，通知机动车所有人、管理人依照规定投保，处依照规定投保最低责任限额应缴纳的保险费的 2 倍罚款。

机动车所有人、管理人依照规定补办机动车交通事故责任强制保险的，应当及时退还机动车。

5. 上道路行驶的机动车未放置保险标志的

公安机关交通管理部门应当扣留机动车，通知当事人提供保险标志或者补办相应手续，可以处警告或者 20 元以上 200 元以下罚款。

当事人提供保险标志或者补办相应手续的，应当及时退还机动车。

6. 伪造、变造或者使用伪造、变造的保险标志，或者使用其他机动车的保险标志

由公安机关交通管理部门予以收缴，扣留该机动车，处 200 元以上 2000 元以下罚款；构成犯罪的，依法追究刑事责任。

第十七章

石油企业民事侵权案例分析

石油企业发生侵权纠纷时，企业法律工作者及早参与，积极主动调查取证，正确运用法律赋予的答辩权、质证权、反诉权、上诉权、调解权、申诉权等各种权利，认真分析研究对方提出的诉讼请求，陈述的事实和理由，以及相关证据，从中寻找矛盾和瑕疵，积极寻求有利的证据，是依法维护企业合法权益的重要途径。

第一节 王某诉某石油企业财产损害赔偿案

一、案情简介

2007 年 7 月，王某向某旗法院提出起诉，称某石油企业在勘探施工中，压倒其草场围栏，造成其一只价值 30000 元种羊丢失，请求人民法院依法判决某石油企业赔偿其经济损失 30000 元。案件审理前，王某将诉讼请求变更为 48000 元。

二、一审判决情况

2008 年 7 月，某旗人民法院经开庭审理，全面支持了原告 48000 元的诉讼请求。

三、二审处理情况

1. 及时提起上诉

在法律规定的上诉期内，某石油企业及时向内蒙古某市中级人民法院提出上诉，请求依法撤销内蒙古某旗人民法院的民事判决。

2. 全面阐述上诉理由

一是关于当事人资格。某石油企业下属单位为该企业第四级分支机构，既不是企业法人，也不是非法人营业组织，也不具备《最高人民法院关于适用＜中华人民共和国民事诉不具备民事诉讼讼法＞若干问题的意见》第四十条所规定的"其他组织"条件，因此，不具备案件当事人资格。

二是关于损害事实。在本案中，王某的种羊是不是真正存在，是不是有□失种羊这一事实，现有的证据难以证明。

三是关于违法行为与损害事实之间的因果关系。在本案中，某石油企业压倒网围栏与王某□失种羊之间不是一因一果的关系，是多因一果的关系。按通常的认识，□失种羊至少包括以下 4 种可能性，即种羊被偷盗；种羊被其他动物吃掉；种羊从网围栏的其他缝隙处、开口处、低矮处跑掉；某石油企业压倒网围栏造成种羊跑掉。由此看出，□失种羊这一结果是存在多种原因所致的可能，在不能排除前三种原因的情况下，就认定□

173

失种羊是某石油企业压倒网围栏所致明显有失客观公正。

综合以上两个方面的因素，为依法维护上诉人的合法权益，根据《中华人民共和国民事诉讼法》第一百四十七条之规定，上诉人特提起上诉，请求二审人民法院依法支持上诉人的诉讼请求。

3. 按时提交有关证据

某石油企业石油勘探使用土地、草原的申请；某旗国土局许可使用土地的许可证；某旗草监所许可使用草原的许可证；某旗草监所勘探损害赔偿标准；对已损坏围栏的补偿协议及结算单两份；某旗种羊登记资料。

4. 适时主动参加调解

本案在二审过程中，某市中级人民法院大部分采纳了上诉人陈述的观点，认为一审法院在证据认定和因果关系判断上存在失误，遂主持调解。最终以某石油企业赔偿被上诉人4000元结案。

第二节　张某诉某石油企业道路及财产损害赔偿案件

一、案情简介

2009年9月，张某向人民法院提出起诉，称某石油企业勘探开发过程中造成通往其承包地的道路损毁，无法通行，需另行修建道路及其他财产损失，请求法院判令被告赔偿其各项经济损失23万元。

二、审理情况

1. 积极答辩申诉

一是关于张某的损失。原告对重修路的损失要求过高，显失公平。原告诉状所指下沟小路，因被告石油勘探作业确有轻微损害，但是，其重修路绝不会需要原告诉请的150662元。实际状况是：人行走并无影响，只是三轮车下沟不畅，被告认为：雇佣人员2人，用8个小时，采取取土夯实的办法，足以恢复原状，支出以人民币计算不超过500元。被告提出两种恢复方案：被告向原告支付人民币800元，由原告自己恢复；被告雇人恢复路面，由当地政府验收认可。

二是关于所谓精神损失费。原告诉请 10000 元精神损失费于法无据，应予驳回。根据国家现行法律、法规、司法解释的规定，只有部分人格权遭受非法侵害，才有获得精神损失费赔偿的可能，原告受到的是合法的财产损害，所以，原告诉请 10000 元精神损失费于法无据，应予驳回。

三是关于所谓占用林地赔偿。被告经现场查看路面受损情况后认为，不论采取何种修路方法，合理组织施工，重新修路不需占用林地，原告诉请 10000 元林地赔偿款于法无据，请求应予驳回。

四是关于所谓安全隐患。某石油企业勘探施工所使用的炸药已全部爆炸，不存在安全隐患。

2. 深入调查收集证据

某石油企业依法向法庭提交了如下证据：某县国土资源局的国土资函字（2009）13 号批准函；对证人徐某的调查笔录；对证人郑某的调查笔录；对证人郭某的调查笔录；对证人杨某的调查笔录；申请证人郭某出庭作证申请书；申请证人杨某出庭作证申请书；申请证人徐某不出庭作证申请书；申请证人郑某不出庭作证申请书；路面损害现场照片 10 张。

3. 主动提出反诉

一是关于反诉请求。判令被反诉人赔偿反诉人因其非法扣押、违法阻挡施工，造成反诉人各项损失合计人民币 122350 元；判令被反诉人返还其违法扣押的勘探专用设备；本案反诉费用由被反诉人承担。

二是关于事实与理由。2009 年 6 月，反诉人某石油企业经某县国土局批准后，进入某县开展石油勘探。反诉人的工作得到了某县国土局、当地乡政府、村委会的支持和配合。张某四处煽动群众、高额索要赔偿，其获取非法利益目的不能实现时，又扣留勘探专用检波器线两串，扣留勘探用庆铃皮卡卡车一部。同时因被反诉人张某扣留和阻挡行为造成某石油企业停工 39 小时，被反诉人张某的一系列违法行为，对反诉人已造成直接经济损失合人民币 122350 元。

反诉人认为，被反诉人的行为是一种严重的侵权行为，根据《中华人民共和国民法通则》第一百一十七条、第一百三十四条，《中华人民共和国民事诉讼法》第五十二条等法律、法规的规定，特提起反诉，请求人民法院依法支持反诉人的诉讼请求。

三是关于反诉证据及证据来源。某县国土资源局的国土资函字
（2009）13号批准函；对证人徐某的调查笔录；对证人郑某的调查笔录；
对证人郭某的调查笔录；对证人杨某的调查笔录；仪器租赁费的证明；某
石油企业财务部门关于停工损失的证明。

4.法庭调查、辩论据理力争

在法庭调查和法庭辩论中，对方代理人主要观点及证据如下：

关于道路损害事实。对方代理人认为该道路已经损毁，无法使用，无
法修复，必须重新设计，另修新路，并出示了某市公路局出具的改建道路
设计方案和图纸。

关于反诉请求。对方代理人辩称其免费看管，不属于非法扣押行为，
且认为我方在解救设备过程中具有非法拘禁行为。其主要证据为当事人法
庭陈述。

关于其他财产损害。对方代理人提出，由于道路损毁，造成其承包地
粮食无法运出销售，其养殖场几十头出栏生猪无法运出销售等。其主要证
据为当事人法庭陈述。

针对对方代理人辩解，我方代理人提出如下反驳意见：

关于道路损害事实。我方在法庭调查时出具了对方当事人村民委员会
主任、乡政府副乡长等的证人证言，证明该道路只是轻微损害，稍加夯
实，即可修复。对于某市公路局出具的改建道路设计方案和图纸，我们认
为在道路受损害程度没有依法鉴定的前提下，其私自委托不具有司法鉴定
资质的事业单位所做的设计，不具有任何法律效力。

关于反诉请求。我们出示了设备在对方当事人家庭院的照片及有关证
人证言，证明其确为非法扣押。

关于非法拘禁行为。我们认为没有任何直接证据证明，不足以认定。

关于其他财产损害。我们认为即使道路真的毁损，但粮食和猪皆还客
观存在，并没有化作一缕青烟消失殆尽。因此，不存在所谓客观事实。

三、案件审理结果

本案经法庭调解，最终以我方支付14000元道路维修费用，诉讼费
1000元，双方各承担500元结案。

第三节
李某诉某石油企业钻井工程承包合同纠纷一案

一、案件情况

2010 年，李某向某法院起诉，称某公司与某石油企业签订《钻井工程承包合同》后，其又与某公司签订合同，现某公司未按照合同约定向其支付工程款，故请求法院判决某公司与某石油企业承担连带责任，向其支付未付工程款。

二、处理情况

接到法院应诉通知后，某石油企业在积极主动调查取证的基础上，依法提出如下答辩意见

1. 原告与答辩人没有任何法律关系

2010 年 8 月 7 日，某石油企业与某公司经友好协商一致，签订了《钻井工程承揽合同》，合同约定：某公司以自己的人员、设备及技术独立完成任务，不得转包、分包。某公司企业法人营业执照经营范围有钻井施工业务。因此，某石油企业与某公司签订的合同依法有效。某石油企业从未与原告签订任何合同，某公司擅自将工程转包给原告，某石油企业既不知情，也从未予以认可，因此，某石油企业与原告之间不存在任何法律上的权利义务关系。

2. 某石油企业已经依照合同约定向某公司履行了全部付款义务

依照某石油企业与某公司签订的钻井工程合同实际履行及验收资料，某石油企业应向某公司支付工程款 333699 元。2010 年 12 月 22 日，某石油企业已经完全履行了上述付款义务。因此，即使某公司与原告有任何债权债务关系，也和某石油企业没有任何法律关系。

3. 原告起诉状称某石油企业"作为总承包人也应承担连带责任"纯属无稽之谈

首先，某石油企业是发包人，不是钻井工程总承包人；

其次，某石油企业所发包的石油天然气石油企业勘探钻井工程，是较低技术含量的人工洛阳铲打井工程，不是必须取得"建筑施工资质证和许可证"，才有资质和能力进行施工的"建筑工程"，因此，根本不能适用所谓《最高人民法院建设工程施工合同纠纷案件适用法律问题的司法解释》之规定，来追究所谓连带责任。

第三，与某石油企业签订钻井工程合同的本案第二被告某公司，具有从事石油企业勘探钻井工程的合法登记，且某石油企业已经完全履行合同约定的付款义务，何来什么连带责任之说。

4. 合同约定的仲裁条款排斥了法院管辖权

即使某有限公司认为某石油企业没有完全履行合同规定的付款义务，依照合同约定，也应该由银川仲裁委员进行仲裁。

综上所述，原告将某石油企业列为第三被告是错误的，既没有任何法律依据，也没有事实依据，故人民法院应依法驳回原告对某石油企业的无理诉求。

三、处理结果

2011年，某法院经开庭审理后，依法判决某石油企业不承担任何法律责任。

第四节 张某诉某石油企业房屋回购案件

一、案件情况

2010年，张某向某法院起诉，称在某石油企业矿区内购买住宅一套，因某石油企业整体搬迁，致使其所购买房屋无法继续使用，要求某石油企业依照合同约定回购该房屋。

二、审理情况

接到法院应诉通知，某石油企业提出答辩意见如下：

1. 本案原告不具备诉讼主体资格

一是本案房屋所涉土地使用权，系某油田会战之初，国家为支持石油企业发展，采用无偿划拨方式，将某基地土地使用权归某油田，目前该土地使用权仍属某油田。原告没有合法取得土地使用权，因此，原告的房屋所有权是有瑕疵的，也就是说原告只有房屋的居住权和使用权，并没有完全的房屋所有权。

二是某石油企业当初是与某粮食局签订的合资建房协议，依照协议，即使某石油企业在履行协议过程中存在违约之处，也应当由某粮食局作为协议的当事人起诉，而原告不是协议的一方当事人，因此，不具有诉讼主体资格。

三是目前某基地土地使用权仍归某油田所有，某石油企业只对某基地地面资产及附着物享有管理权和使用权。也就是说，某基地的房屋及土地所有权的真正权利人，并不是某石油企业。

2. 关于损害事实

目前，原告的房屋仍然完好无损，只是其自己不居住而已，也就是说，原告所主张的损害事实并不存在。2010年，某油田已经与某市人民政府签订协议，即将向地方政府无偿移交某基地全部资产，某市人民政府规划将某基地建设为工业开发区，这意味着，原告的房屋在不久的将来，仍然可以正常使用。

3. 关于违约责任

一是依照合资建房协议，某石油企业按时向原告交付了合资建设的房屋，且原告在里面居住了 13 年，并无质量及其他问题，且协议中并没有约定某石油企业可以无限期为原告提供水电暖等服务，某石油企业并没有任何违约之处。

二是某石油企业没有法律上的义务，必须为其使用房屋提供无限期的水电暖服务。

4. 关于协议中"乙方若出售房屋只能出售给甲方"的约定问题

一是该约定只是约定了甲方的优先购买权，并不意味着甲方必须要购买乙方出售的房屋，现甲方明确表示放弃该优先购买权，乙方可以自由向其他第三方出售该房屋，甲方并不表示异议。

二是即使按照协议约定，甲方必须要购买乙方的房屋，协议也没有约定甲方在什么时间，以什么价格购买。若甲方提出 100 年后购买乙方房屋，或者以 100 元价格购买乙方的房屋，甲方并无不当之处。

三、处理结果

本案在一审开庭前，原告自行撤诉。

第五节 王某诉某石油企业财产损害赔偿案作

一、案件情况

2011 年 8 月，王某向陕西延安某县法院起诉某石油企业，称在石油勘探生产中，造成其窑洞等损害，要求赔偿其六孔窑洞、平板房及其他附属设施重建费用，合计人民币 60 余万元。

二、处理情况

接到法院送达的起诉状副本及应诉通知书后，某石油企业通过调查取证，按时向法院提交了答辩意见。

1. 王某窑洞损害与某石油企业勘探开发行为没有法律上的因果关系

因果关系是民事侵权赔偿责任的必要条件之一，本案中，原告在起诉状中称答辩人在石油企业勘探开发过程中，造成其所居住的窑洞及附属设施遭到损害。事实是答辩人在依法进行石油企业勘探开发过程中，按照石油地球物理勘探的操作规程，已经采取了偏移炮点，减少井数和药量的安全控制措施，并无对原告财产造成损害。根据延安市房屋安全鉴定办公室现场勘验所做的分析，王某窑洞裂缝系地基沉降不均匀引起；窑洞内粉刷出现龟裂缝、外墙瓷片微裂缝属于热胀冷缩；石拱窑无构造措施，抗变形能力差。即王某窑洞损害与某石油企业勘探开发行为没有法律上的因果关系。

2. 原告所主张的损害事实根本不存在

损失事实的存在是承担民事侵权责任的重要前提，而本案中，延安市房屋安全鉴定办公室做出的房屋安全鉴定报告结论认为：王某窑洞安全等级为 A，可以满足正常需求，房屋结构安全。即王某窑洞损害事实客观上不存在。

3. 某石油企业与王某已就窑洞补偿问题达成协议，且某石油企业完全履行了协议

在当地政府的协调下，某石油企业与王某协商一致，已就窑洞补偿问题达成协议，协议约定某石油企业向王某支付窑洞补偿费 4 万元，且其石油企

业已经按照与王某达成的补偿协议约定，向王某本人全额支付了4万元窑洞补偿款。因此，某石油企业与王某财产损害赔偿纠纷已经一次性全部处理完毕，无遗留问题。

综上所述，王某在既无损害事实，有无法律上因果关系前提下，为满足个人非法诉求，恶意诉讼，肆意浪费司法资源，承情法庭驳回起诉，以维护某石油企业合法权益。

4. 及时提交证据

在提交答辩意见的同时，某石油企业依法向法庭提交了相关证据。

第一组证据：房屋安全鉴定报告一份。

所要证明的问题：

一是王某窑洞裂缝系地基沉降不均匀引起；窑洞内粉刷出现龟裂缝、外墙瓷片微裂缝属于热胀冷缩；石拱窑无构造措施，抗变形能力差。即：王某窑洞损害与某石油企业勘探开发行为没有法律上的因果关系。

二是王某窑洞安全等级为A，可以满足正常需求，房屋结构安全。即：王某窑洞损害事实客观上不存在。

第二组证据：某石油企业员工李某与王某签订补偿协议书1份；某石油企业与某乡人民政府签订的协议书1份；某乡人民政府向某石油企业出具的证明1份。

所要证明的问题：

一是某石油企业与王某就窑洞补偿问题已经达成协议。

二是某石油企业向王某支付窑洞补偿费4万元，经双方协商一致同意，完全是双方真实意思的表示。

三是某石油企业对王某的所有补偿事宜一次性全部处理完毕，无遗留问题。

第三组证据：记账凭证1份；某石油企业资金付款审批单1份；建设银行转账支票存根1份；某石油企业勘探开发损害补偿费转账结算单1份；王某身份证复印件1份；王某的某县农村信用社存折1份。

所要证明的问题：某石油企业已经按照与王某达成的补偿协议约定，向王某本人全额支付了4万元窑洞补偿款。

后王某申请对其窑洞等财产损害情况，以及该损害情况是否与某石油企业存在因果关系进行司法鉴定。某市中级人民法院委托某具有司法鉴定资质的机构依法进行鉴定。经鉴定机构现场勘查，并结合当事人双方提交的证据材料，做出鉴定结论认为：王某窑洞等财产损害与某石油企业存在因果关系，其窑洞等财产损害登记为 C 级，考虑山体裂缝可能造成的滑坡等因素，建议搬迁重建。其重建费用为 18 万元。

三、处理结果

2012 年 2 月 23 日，某县法院依法开庭审理了此案。经法庭调查，举证和质证，法庭辩论和调解等环节，法院最终判决某石油企业向王某支付窑洞等财产重建费用 18 万元（含先前协议补偿的 4 万元）。

第六节 李某诉某石油企业人身损害赔偿案件

一、案件情况

2011 年 11 月，李某向某旗法院起诉某石油企业，称其在某公司承担的某石油企业勘探过程中，因工伤造成六级伤残，请求某公司与某石油企业共同承担其工伤赔偿等各项费用 103 万元。

二、审理情况

接到法院应诉通知后，某石油企业指派法律工作者依法参与了诉讼过程。

1. 关于劳动合同关系

2008 年初，某公司以投标方式获得某石油企业勘探钻井工程任务，并与某石油企业协商一致，签订了《钻井工程承包合同》，合同第四条约定：某公司以自己的人员、设备及技术独立完成任务。某石油企业从未与原告签订任何形式的劳动合同，也未与原告建立任何形式的劳动关系。因此，某石油企业与原告之间不存在任何法律上的权利义务关系。

2. 某石油企业与某公司签订的合同合法有效

某公司系在某工商局依法注册成立的有限责任公司，企业法人营业执照经营范围有钻井工程技术业务。因此，某石油企业与某公司签订的合同合法有效。

3. 原告的人身损害赔偿责任应当由某公司承担

某公司是依法成立的独立企业法人，原告是在为某公司工作期间受伤的，其劳动合同关系是与某公司建立的，因此依法应当由某公司承担法律责任。

4. 原告以某石油企业与某公司签订的 HSE 合同为由，将某石油企业列为第一被告无法律和事实依据

某石油企业与某公司签订的 HSE 合同，是双方签订的《钻井工程合同》的附属合同，是专门规范某公司 HSE（健康、安全、环境保护）责任和义务的安全合同，其宗旨是确保原告在为某公司工作期间所依法享有的劳动保护权利。

5. 某石油企业已经依照合同约定向某公司履行了钻井工程款的全部付款义务

依照某石油企业与某公司签订的钻井工程合同的实际履行及验收资料，某石油企业人已经向某公司完全履行了付款义务。因此，即使某公司与原告有任何债权债务关系，也和某石油企业没有任何直接的法律关系。

6. 原告的起诉已经超过法律规定的诉讼时效，依法应当予以驳回

《中华人民共和国劳动争议调解仲裁法》第五十条规定：当事人对本法第四十七条规定以外的其他劳动争议案件的仲裁裁决不服的，可以自收到仲裁裁决书之日起十五日内向人民法院提起诉讼；期满不起诉的，裁决书发生法律效力。

2009 年 11 月 10 日，某旗劳动争议仲裁委员会已经就原告受伤致残的劳动争议，做出仲裁裁决。原告如对仲裁裁决不服，应当在收到仲裁裁决书之日起 15 日内，向人民法院提起诉讼。然而，原告延迟至 2011 年 8 月 10 日，才向人民法院提起诉讼，迄今，时间已经过去近两年，某旗劳动仲裁委员会裁决书早已经发生法律效力。因此，原告已经完全丧失了起诉的权利。

综上所述，原告将某石油企业列为第一被告是错误的，既没有任何法律依据，也没有事实依据，故请求某旗人民法院依法驳回原告的无理诉求。

为了支持某石油企业的答辩理由，法律工作者依法向法庭提交了如下证据：

第一组证据：某石油企业与某公司签订的《钻井工程承包合同》1 份。

所要证明的问题：

某石油企业与某公司签订的《地震钻井工程承包合同》第四条约定：某公司应当以自己的人员、设备及技术独立完成任务。某石油企业并未与原告签订任何形式的劳动合同，也未与原告建立任何形式的劳动关系。因此，某石油企业与原告之间不存在任何法律上的权利义务关系。

第二组证据：某公司企业法人营业执照1份；某公司组织机构代码证1份；某公司地税和国税税务登记证各1份。

所要证明的问题：

一是某任公司依法核准登记的经营范围有：钻井工程技术服务业务，具有为某石油企业承担勘探钻井工作任务的合法资质。

二是某公司系能够独立承担民事权利义务责任和义务的企业法人，其所属员工在工作期间发生工伤事故，理应由其自行承担法律责任。

第三组证据：某公司《钻井岗位HSE作业指导书》1份。

所要证明的问题：

某公司作为一个独立承担民事法律责任的企业法人，其管理者对石油企业勘探钻井作业的标准、操作规程及作业风险，均有十分清楚的了解和掌握，并建立了完善的HSE管理网络，之所以发生原告受伤的事故，完全是其本身制定的安全措施没有落实到位造成的，与某石油企业并无因果关系。

第四组证据：付款概览3份；资金审批单1份；应付发票概览2份；报销单据整理单2份；某石油企业资金付款审批单2份；电汇凭证2份。

所要证明的问题：

某石油企业已经按照合同约定及某公司实际完成并经甲方验收确认的工作量，支付了所有工程款项。

三、处理结果

考虑到原告六级伤残，以及某公司业已破产的事实，应法院请求，某石油企业在不承担任何法律责任的前提下，一次性向原告提供困难救助金3万元。本案最终在一审调解结案。

后 记
Postscript

...

　　上世纪八十年代，笔者大学毕业。彼时，正是大学生吃香的时代，然吾等决意不回家乡，而至长庆油田工作，迄今已近 30 年矣。

　　期间，或亲历、或耳闻、或目睹长庆石油人艰难曲折、慷慨悲壮之奋斗经历，颇受激励、鼓舞；而长庆油田也在历经 10 多年徘徊之后，终于跃上千万吨级大油田的台阶，近年更是如虎添翼，其增储上产步伐持续加快，可谓势不可挡。

　　与此同时，随着国家法制建设的不断完善，企业勘探开发规模不断扩大，石油企业与地方关系中的各种法律纠纷逐年攀升，俨然成为制约油田发展的主要矛盾。如何在法律法规的框架内，既推动油田发展，又能与地方法律关系的当事人构建和谐稳定关系，是为石油企业法律工作者必须要思考的重大问题。

　　近些年来，受命于企业委派，吾等不揣冒昧，不惧浅陋，不辞辛苦，往返奔波于依法维护企业合法权益之途中，点点滴滴，积少成多，集腋成裘，竟成此作，诚乃意外之收获也。

　　今诚惶诚恐，惴惴不安，付梓出版，以期有益于石油企业基层员工妥善正确处理与地方关系中之矛盾也。诚望大方之家批评指教，则吾感激不尽。

　　本书在编纂出版过程中，得到笔者所在单位长庆油田公司、东方物探公司长庆物探处各级领导和同事的大力支持与指导帮助，在此深表谢意！

2013 年 1 月 16 日于西安

图书在版编目（ＣＩＰ）数据

石油企业与地方关系中的法律问题及应对之道 / 刘
兴勇，刘社明著. -- 银川：阳光出版社，2013.1
ISBN 978-7-5525-0690-7

Ⅰ. ①石… Ⅱ. ①刘… ②刘… Ⅲ. ①石油企业 – 法
律 – 社会责任 – 研究 – 中国 Ⅳ. ①D920.4 ②F426.22

中国版本图书馆 CIP 数据核字(2013)第 022586 号

石油企业与地方关系中的法律问题及应对之道　　刘兴勇 刘社明 著

责任编辑 马红薇
封面设计 涂 图
责任印制 郭迅生

黄河出版传媒集团
阳 光 出 版 社　　出版发行

地　　址	银川市北京东路 139 号出版大厦 （750001）
网　　址	http://www.yrpubm.com
网上书店	http://www.hh-book.com
电子信箱	yangguang@yrpubm.com
邮购电话	0951-5044614
经　　销	全国新华书店
印刷装订	宁夏捷诚彩色印务有限公司
印刷委托书号	（宁）0010777
开　　本	787mm×1092mm　1/16
印　　张	12
字　　数	280 千
版　　次	2013 年 1 月第 1 版
印　　次	2013 年 1 月第 1 次印刷
书　　号	ISBN 978-7-5525-0690-7/D.12
定　　价	28.00 元